ニュース記事翻訳の現場から

［改訂新版］

和英翻訳ハンドブック

根岸 裕 著

大修館書店

改訂新版まえがき

　本書は，1999年発行の『新聞記事翻訳の現場から　和英翻訳ハンドブック』の改訂版である。この『ハンドブック』は，日本経済新聞社の記事英訳部門だった旧日経国際ニュースセンター（Nikkei News Bulletin ＝ NNB）が，スタッフ向け勉強会で使用した講義ノートを編集し，大修館書店から出版された。幸い，日英翻訳に関心を持つ読者にとどまることなく，一般の英語学習者からも幅広い支持を得て，版を重ねた。編者にとって望外の喜びだった。

　発行から20余年，『ハンドブック』の意図したところは不変だが，教材で取り上げたテーマや記事の事実関係は大きく変化した。時代とともに英語の語法や表記が変わってきたところもある。この間，多くの読者から貴重なご指摘，ご意見をちょうだいし，記述内容を正すべき点もいくつか見つかった。

　旧版は，日本経済新聞に掲載された約5,000本の記事のなかから約600本を抽出し，NNBの翻訳スタッフによる「訳例」と外国人エディターによる「直し」をセットで提示，さらに編者の解説を加えて構成した。土台になったのは，NNBの新規採用者や翻訳経験の比較的浅いスタッフを対象に開催した勉強会の講義ノートである。10回分の講義内容をまとめて職場に配布したところ，ベテラン翻訳者からも「大いに参考になった」との声が寄せられた。

　その後，このノートが，大修館書店編集部の故池田恵一氏の目に留まり，『ハンドブック』として世に送り出された。一企業での職場勉強会の講義ノートがこうした形で出版されるのも異例なら，20余年，大げさにいえば，世紀をまたいで，絶えることなく新たな読者を獲得できたのも驚きだった。本書は，経済，ビジネスニュースを中心に構成されているが，分野を越えて，日英翻訳スキルの向上に役立つ示唆やヒントが少なくない，との評価をいただけたようだ。

　今回の改訂にあたっては，内容を改めて精査し，必要に応じて例文や解説を削除，追加，差し替えた。また，例文や解説のなかから約50の単語

を取り上げ，たとえば「**動き**」が，「国内の**動き**」，「経済が再び**動き**出した」，「台風の**動き**は遅い」，「水面下では様々な**動き**がある」…のような文脈で使われた場合，それぞれの「**動き**」に対応する最も適切な英語とは何かを考えてみた。日英翻訳のカンどころをつかみ，翻訳センスを磨く一助になればとのねらいからだ。

詳しくは本文に譲るとして，50 語のなかには，「影響」，「足かせ」，「いじめ」，「シェア」，「認知度」，「知名度」，「前倒し」，「横並び」，「低迷」，「採算」，「落ち込む」，「受け入れる」…なども含まれている。各語を含む，複数の日本語例文とその対訳を示した。なかには中学レベルの基本英語を使って「足かせ」，「前倒し」，「横並び」を表現したものもあれば，「目からウロコだ」と思われるようなサプライズの英訳も見つかるはずだ。

第 1 章から第 9 章までの各章の末尾には，編者が英文記者ならびに英文編集職場のデスクやエディターとして，また，ニューヨーク，シドニー，クアラルンプールでの勤務で経験した，英語にまつわるエピソードを「コラム」として載せた。

第 10 章は新たに書き下ろした。この章は，日英翻訳における柔軟な発想の重要性に焦点を当てて私見を述べた。日本語の原文にとらわれることなく，自由な発想で英訳するための手掛かりを探ってみた。訳文は，できるだけ使用頻度の高い，初級者レベルの単語を活用した平易な文章になるよう心掛けた。そのための練習問題も用意した。楽しみながら，お役に立てていただければ幸いである。

今回の改訂にあたり，大修館書店企画推進部の小林奈苗さんには，企画の段階からひとかたならぬお世話になった。内容も装丁も一新し，『ハンドブック』に新たな命が吹き込まれた。小林さんの熱意と発意のおかげである。厚く御礼申し上げる。

2021 年 12 月

根岸　裕

目次

ニュース記事翻訳の現場から
［改訂新版］
和英翻訳ハンドブック

第 1 章

主語を選ぶ

　日本語の文章を英訳するには，まず，主語を選択しなければならない。もちろん，ほとんどの場合，日本語の主語をそのまま英語に置き換えればよい。「日銀は公定歩合の引下げを決め，週明けにも発表する」であれば，"The Bank of Japan"が主語だ。「財務省は金融機関の監督体制の見直し案を固めた」のケースでは，「財務省」を主語にする以外に方法はなさそうだ。

　ところが，日本語の主語をそのまま英語にするとまずい，あるいは英語としては不自然だったり，ぎこちないということがよくある。日本語と英語の言語の構造や発想の違いに起因するもので，中学や高校の英語の授業でもよく聞かされたのを思い出す。「雨が降っている」を英語で表現するときは「雨」ではなく"It"を主語にするんだとか，「突然大きな音がしたので，（わたしは）本当にびっくりした」は「わたし」ではなく，「突然起きた大きな音」を主語にして「それがわたしを驚かせた」とした方が英語らしくなる，というたぐいの話である。こうした事例は，いずれも，ある程度パターン化されているので主語の選択に迷うことは少ない。

1 落とし穴

　むしろ，意外なところに落とし穴があるものだ。たとえば，「**都市銀行5行の支店総数は8店減少し，2,427店舗になる**」という文の主語は何にすればよいか。日本語に合わせれば，「都市銀行5行の支店総数」だ。

　事実，「支店総数」を主語にして英文をつくる翻訳者は多い。ところが，英語を母国語とするエディターに言わせれば「支店総数」ではなく「都市銀行」で書き出す方がナチュラルということになる。

　それでは，どういう場合に日本語原文の主語と英文の主語が異なるのか。以下はその具体例である。

　まず，「都市銀行5行…」を検証する。

> 訳例 **The number of branch offices run by the five Japanese city banks** will decrease by eight to a total of 2,427.

〔解説〕…run by the five Japanese city banks の run は operate などと同様，「運営，管理する」の意味で，will decrease by eight は「8行

減る」。文法的にも間違いはないし，和文英訳としては合格点をあげて
もよいように思われる。

　ところが，英訳ではなく純粋に英語としてみると，どこかおかしいと
いう印象を英語を母国語とするひとには与えるらしい。そして，この種
の英文は次のように書き直されることが多い。

> **直し** **Japan's five city banks** plan to reduce the total number
> of branch offices by eight to 2,427.

　「銀行の支店総数は 8 店減少し，2,427 店舗になる」が「日本の都市銀
行 5 行は支店総数を 8 店減らし，2,427 店舗とする」という意味の英語に
変わった。「支店総数」よりも「都市銀行 5 行」を主語にする方が自然な
英語に聞こえるのだ。

　同様に，「**大学生の就職内定先**が首都圏から地方に大きくシフトしてい
る」の英訳は，「就職内定先」ではなく，「大学生」を主語にする方が英語
らしい英語になる。「（来春卒業の）大学生は首都圏から地方へ就職内定先
を大きくシフトしている」と考えるわけだ。英語で言えば次のようにな
る。

More college seniors graduating next spring are accepting jobs
outside Japan's largest metropolitan areas.

〔解説〕「地方へシフト…」のくだりは「大都市圏を離れて…」と訳した。
　　accept a job は「就職の内定をもらうこと」。More college seniors
　　… は「地方で就職の内定をもらう大学生が増加している」。
● 「内定を出す」は offer a job。社会問題にもなった「内定取り消し」は offer
　　を名詞として使い，cancellation of a job offer。

　日本語と英語の主語の違いの例を示したが，こうした違いには一種の法
則が働いているようだ。

② 日本語の主語，英語の主語

原文 次世代高速移動通信方式「5G」のサービス開始で，携帯端末大手の間では 5G 対応スマホへの買い替え需要の動きに**期待**が膨らんでいる。

訳例 **The expectation** that the start of new 5G services will encourage smartphone users to switch to new 5G compatible models is getting stronger among major mobile phone makers.

直し **Major mobile phone makers** hope the launch of 5G services will encourage smartphone users to upgrade their models for the next generation of higher-speed wireless communications.

〔解説〕 **訳例** では，日本語に合わせて買い替え需要への「期待」を主語に置いたが， **直し** では「携帯端末大手」を主語とし，「期待を高めている」とつなげた。 **訳例** では，主語 expectation と述語 is getting stronger ... が分断されていて分かりにくい。 **直し** では主語の直後に述語を持ってきた。

原文 **米国産業の対日依存度**は日本の産業の対米依存度を上回っている。

訳例 **The U.S. industry's dependence on Japanese demand** has exceeded the Japanese industry's reliance on the U.S. demand.

直し **U.S. industry** depends more on demand from the Japanese market than Japan depends on the U.S.

〔解説〕 **原文** の主語「米国産業の対日（日本の需要に対する）依存度」を英語にすれば，U.S. industry's dependence on Japanese demand でよさそうだし，「上回る」も exceed で間違いない。ところが，英語の発想では「米国の産業」を主語にする方が座りがよい。直訳すれば「米国の産業は，日本の産業が米国市場に依存しているのと比べると，より強く日本市場に依存している」というところだろうか。

● 産業全般を指す場合，industry には the を付けないことが多い。具体的な産業で言えば，「自動車産業」は **the** auto industry。

❖ **依存度**

¶ 日本の輸入原油**依存度**

Japan's **reliance** on foreign [imported] (crude) oil

¶ その電力会社の原発**依存度**は 40％だ。

The power company is getting 40 percent of its electricity from nuclear power plants.

¶ 同社への**依存度**を下げる

lower the **dependency** on the company

¶ 沖縄は観光への**依存度**が高い。

Okinawa **lives on** tourism.

¶ 日本のエネルギー輸入**依存度**は 80％だ。

Japan **imports** 80 percent of its energy.

原文 個人投資家の活発な**外債投資**が続いている。大手証券 5 社の 12 月の個人向け外債販売額は 5,000 億円規模になる見通しだ。

訳例 **Sales of foreign currency-denominated bonds** for individual investors remained brisk in December, with the sales for this month at the Big Five securities houses expected to reach around ¥500 billion.

直し **Individual investors** remained brisk buyers of foreign currency-denominated bonds in December, with sales for the month expected to reach some ¥500 billion at the Big Five securities houses.

〔解説〕 **訳例** の「個人投資家の**外債購入**が続いている」を **直し** では「**個人投資家が引き続き活発に外債を購入している**」とした。

● securities houses の house は，ここでは「会社」の意味。trading house は「商社」，publishing house は「出版社」。

● 「有価証券」を意味する場合 security は複数形。「野村証券」は Nomura Securities Co. となる。

原文 ソフトウェア各社の**収益**が回復してきた。

訳例 **Earnings** of software developers are showing recovery.

直し **Software developers** are seeing an earnings recovery.

〔解説〕ここでも日本語の主語「収益」が「回復」と合体して「収益回復」となり，英語では目的語として使われている。代わって英語の主語を引き受けたのは「ソフトウェア各社」。 直し に沿って日本語訳をつくれば，「ソフトウェア各社は収益の回復を体験しつつある」とでもなるのだろうが，この場合は「…の収益が回復してきた」の方が日本語としてはずっと自然だ。

● 「収益，収入」などを意味する場合の earning は複数形にする。

● 「ソフトウェア各社」を単に software companies [firms] ではなく，software developers（（コンピュータ）ソフトの開発会社）と訳したのは良かった。

原文 年功賃金に代わって能力給を導入する**動き**が企業の間で活発になっている。

訳例 **Moves** to replace long-held seniority wage systems with merit-based systems are seen among more Japanese companies.

直し **A growing number of Japanese companies** are moving from seniority-based to performance [merit]-based pay systems.

〔解説〕主語が「動き」から「日本の企業」に入れ替わったことに注意。

● 「…が**活発になっている**」は 直し のように「能力給を導入する企業が**増えている**」と発想する。

原文 主要民間調査機関，金融機関がまとめた 2021 年度の**経済見通**しによると，国内総生産の成長率は 2.8 ％から 3.2 ％に集中している。

訳例 **Projections** for Japan's economic growth for the year through March 2022, made by major private-sector research or financial institutions, are focused on a level between 2.8 % and 3.2 %.

直し **Major private research and financial institutions** expect Japan's economy to grow 2.8–3.2 percent in fiscal 2021.

〔解説〕 直し の英文に沿って和訳すれば，「主要民間調査機関，金融機関は，2021 年度の国内総生産（GDP）の成長率を 2.8 ％から 3.2 ％と見ている」とでもなろうか。

● 「国内総生産」は gross domestic product（GDP）で，日本の経済成長率は GDP を指標として使用している。

● 　訳例　では「集中している」を focused on としたが，「2.8％から 3.2％」と具体的な数字に触れるだけで十分。どうしてもというなら，in a narrow range between 2.8-3.2 percent あたりか。narrow（狭い）を使うことで「集中している」の感じを出せる。

● 本書の「パーセント」の表記は，日本語では記号の「％」，英訳では「percent」を使うことにする。

3 主語選択の一般的法則

　以上，日本語の主語をそのまま英語の主語にするとなじまない，どこかおかしい，英語のネイティブ・スピーカーからすると主語を取り換えたくなるという事例を 7 つ指摘した。これを以下の表にまとめてみた。

●日本語の主語　　　　　●英語の主語
(1) 支店の総数　　　　　都市銀行 5 行
(2) 5G スマホへの期待　　スマホ端末メーカー
(3) 対日依存度　　　　　米国産業
(4) 外債投資　　　　　　個人投資家
(5) 収益　　　　　　　　ソフトウェア各社
(6) 動き　　　　　　　　企業
(7) 経済見通し　　　　　調査機関

　これを見ると一目瞭然である。「支店の総数」，「スマホが売れるという期待」，「対日依存度」，「外債投資」，「収益」，「動き」，「経済見通し」。日本語では「数値」や「期待」，「依存度」といった抽象名詞が主語になっているのに対し，英語では「銀行」，「スマホ端末メーカー」，「米国産業」，「個人投資家」，「ソフトウェア各社」，「調査機関」といった具体的な企業，個人，組織を主語に採用する傾向が強い。

　しかし，もちろん，これは「都市銀行 5 行の支店総数は 8 店減少し，2,427 店舗になる」といったケースのように，同一文の中に「都市銀行」と「支店総数」が同居していた場合，どちらを主語にしたら英語として自然かという問題であって，「（…2,427 店舗になる。）これは 1992 年のピーク時に比べ 800 店舗少ない」という文が続けば，「これ（2,427 店舗という数字）」を主語にする以外に選択の余地がないのは言うまでもない。

10

同様に，「米国産業の対日依存度は日本の産業の対米依存度を上回っている」を受けて，「依存度は近年高まる一方だ」とあれば，この場合の主語は日本語，英語に関係なく「依存度」しか考えられないだろう。

以上のことを念頭に置きながら，主語の選び方をさらに詳しく検討する。

原文 2020 年度の**売上**計画をみると，製造業の主要企業では前年度比 1.9％増となる見通しだ。

訳例 Sales by principal enterprises in the manufacturing sector are expected to rise 1.9％ year on year in fiscal 2020.

直し **Major manufacturers** expect sales in fiscal 2020 to edge up 1.9 percent on the year.

訳例 の主語：売り上げ（売上高）

直し の主語：主要製造業企業

直し に沿った和訳：主要製造業企業は 2020 年度の売上高を前年比 1.9％増と，小幅増収にとどまると予想している。

〔解説〕「製造業企業」は日本語のいわゆる「メーカー」。英語では manufacturer と言い，maker 単独ではあまり使わない。automaker や steelmaker のように auto（自動車）や steel（鉄鋼）などに続けて使用するのは可。

● **直し** の edge up は「ほんの少し上昇する」ことで，**原文** の「小幅増収」を表現できる。

●「売上高」，「販売高」を volume of sale などとする必要はない。sales 1 語で OK。ただし，必ず複数形にする。「出荷量」，「出荷台数」の shipments にも s を付ける。「輸入額」は imports，「輸出額」は exports。その他の類似例は以下を参照。

参考 都内 50 信用組合合計の**預金量**は，3 兆 6,000 億円となった。

訳 Fifty Tokyo-based credit cooperatives held total **deposits** of ¥3.6 trillion.

● 英文の文頭に数字は使えないので Fifty とスペルアウトする。

参考 ▷ 石油元売り各社は灯油の**供給量**を削減している。

訳 ▷ Oil wholesalers have been holding down **supplies** of kerosene.

● hold down は価格や生産量を「抑える」の意味。

参考 ▷ 役員**報酬**（額）は 2～3 割**削減**となる。

訳例 ▷ **Amounts of pay cuts** for executives are said to be around 20-30 %.

直し ▷ **Pay cuts** for executives will be 20-30 percent.

● cut を複数にすることで，「報酬額」の「額」の意味を盛り込める。

原文 ▷ 日本経済新聞社が，全国上場企業を対象に 9 月中間期の株主資本利益率（ROE）を**ランキング**したところ，上場してから日が浅い企業が上位を占めた。

訳例 ▷ **A ranking** surveyed by The Nihon Keizai Shimbun of stock's return on equity（ROE）for the first half of the year through September showed that newly listed companies topped the list.

直し ▷ **Newly listed issues** topped a Nikkei survey of returns on equity for the half-year through September.

訳例 ▷の主語：（株主資本利益率の）ランキング

直し ▷の主語：上場間もない企業

直し ▷に沿った和訳：日本経済新聞社の調べによれば，上場間もない企業が 9 月中間期の株主資本利益率（ROE）ランキングの上位を占めた。

●「株主資本利益率」は 1 株の利益の多寡を表わす指標。

原文 ▷ その銀行が月曜日から取扱いを始めた**新型預金**が発売初日で 3,000 口，200 億円の残高を獲得したことが明らかになった。

訳例 ▷ The bank's **new-type deposit program** drew ¥20 billion on the first day.

直し ▷ **The bank** drew 3,000 accounts amounting to ¥20 billion for a new deposit program offered on Monday.

12

| 訳例 の主語：新型預金

| 直し の主語：その銀行

| 直し に沿った和訳：その銀行は，月曜日から取扱いを始めた新型預金で，発売初日に 3,000 口，200 億円の残高を獲得した。

● 「取扱いを始めた」は begin to handle [deal with] などとせず，offer 1 語でOK。

● 「残高」はふつう balance/ outstanding balance というが，発売初日に残高というのはおかしな話だから，このくだりを訳す必要はないだろう。

| 原文 合弁会社の**資本金**は約 3,000 万米ドルを予定。

| 訳例 **Capital** of the joint venture will be roughly \$30 million.

| 直し **The joint venture** will be capitalized at some \$30 million.

| 訳例 の主語：資本金

| 直し の主語：合弁会社

〔解説〕 直し の ... be capitalized at ... 「…会社の資本金は…ドル，円」という場合の決まった言い回し。「資本金」（capital）を主語にしないこと。

| 参考 **価格**は 1 パック（200〜400 グラム）あたり 300〜500 円を予定。

| 訳例 **The price** will be ¥300-500 for each 200-400 gram pack.

| 直し **A 200-400 gram pack** will sell for ¥300-500.

〔解説〕これも「価格は…」を訳すときの決まりのパターン。sell for は「いくらで売る」ということで，「価格は…」になる。

| 原文 **東アジアの経済成長**持続は可能（新聞の見出し）

| 訳例 **East Asia's economic expansion** seen to continue

| 直し **East Asia's economies** to continue expanding

| 訳例 の主語：東アジア経済の成長

| 直し の主語：東アジアの経済

〔解説〕 直し の英語を和訳すると「東アジアの経済は成長を持続」となる。

▶level を有効に使う

> 原文 ▷ 製造業の夏の**ボーナス**は昨年実績に比べ**平均**で 2.24％の増加の見込み。
>
> 訳例 ▷ **The average bonus** in the manufacturing sector is expected to gain 2.24％ over the last year's level.
>
> 直し ▷ **The manufacturing sector** is expected to increase its average per-employee bonus payment by 2.24 percent over last year's level.

訳例 ▷の主語：平均ボーナス

直し ▷の主語：製造業

直し ▷に沿った和訳：製造業は従業員の平均ボーナスを昨年実績に比べ 2.24％引き上げる見込み。

〔解説〕「昨年実績」を last year's results とか last year's achievement などとせず，last year's level としたのはセンスが光る。level の応用範囲は広い。以下の例を参照。

> 参考 ▷ 先進国からの**援助額**の減少
>
> 訳例 ▷ declining **aid** from developed nations
>
> 直し ▷ declining **levels of aid** from developed nations

> 参考 ▷ A 社は松山工場の能力を 40％増やして年産 7 万トン**体制**に整備した。
>
> 訳例 ▷ Company A has increased the annual capacity at the Matsuyama plant by 40％ to **worth** 70,000 tons.
>
> 直し ▷ Company A has increased the capacity at its Matsuyama plant by 40 percent to an annual production **level** of 70,000 tons.

〔解説〕「7 万トン体制」の「体制」は和英辞典ではピッタリの訳が見つからない。 訳例 ▷では worth を使った。これは「金額」，「価値」を表わすことばで，「量」を形容することばとしては適当ではない。level を使うと「体制」をうまく表現できる。

　ちなみに 原文 ▷の「整備した」は訳出不要。この場合，文脈から考

えて「整備した」よりも，「増強した」，「拡大した」の方が日本語としては適当だ。英語では increase/ boost/ raise/ expand/ enhance/ beef up など。 ▷訳例▷，▷直し▷ のいずれでも「生産能力」を increase することに触れており，「整備した」は無視してよい。

そもそも「整備」の語義と，実際に使用されたときの意味との間には大きなズレのあることが多い。「整備」を和英辞典で引くと preparation/ maintenance/ service といった訳語が見つかるが，新聞などによく登場する「整備新幹線」はと言うと，このうちのどれにも当てはまらない。「整備」を無視して，「**計画中の九州新幹線など5路線**」と説明するしかない。「空港整備」が実際に意味しているのは，滑走路の延長だったり，新空港の建設だったりすることがほとんどで，英語ではそのように「具体的に」（specifically）訳さないと意味をなさない。

さて，以下の例も level をうまく活用している。

▷参考▷ 銀行員の給与は他の産業と比べて高い。

▷訳▷ Salary［Pay］**levels** [scales] for bank employees are relatively higher.

● 「他の産業と比べて」は relatively higher のなかに折り込まれているので，compared with [to] other industries などとする必要はない。

▷参考▷ （エネルギー分野では）世界一の産出量を誇る石炭は **2019 年比** 9％増の年産 14 億トンとする。

▷訳例▷ Production of coal, ranking top in the world currently, is projected to stand at 1.4 billion tons, **up 9％ from 2019**.

▷直し▷ Coal production, already the highest in the world, is seen rising 9 percent **from 2019 levels** to 1.4 billion tons.

〔解説〕up 9％ from 2019 でも誤解の恐れはないが，▷直し▷ のように from 2019 levels とすると，「2019 年比」が「2019 年の（石炭）生産量に比べ」となり，よりはっきりする。

❖ 整備

¶ 解雇された労働者に対するセーフティーネットが十分に**整備**されていない。

There is an inadequate safety net for laid-off workers.

¶ 時代遅れになった労働法制を**整備**する

update [revamp] the outdated labor laws

¶ モノ，人，サービスの移動には**整備**されたインフラが必要だ。

We need **good** infrastructure to move goods, people and services.

¶ 企業が雇用を拡大できるよう条件を**整備**する

create the conditions to help businesses hire more workers

¶ 未来のインフラを**整備**する

build the infrastructure for [of] tomorrow

¶ クルマの調子を維持するためには定期的な**整備**が欠かせない。

Regular **maintenance** is key to keeping your car running well.

¶ 教育制度は未**整備**だ。

The education system is poor.

▶「売り上げ」，「利益」

> **原文** 大手石油化学 7 社の（9 月中間期の）**売り上げ高**は全社で前年同期に比べて増えた。
>
> **訳例** **Sales** of all seven major petrochemical companies increased from a year earlier.
>
> **直し** **All seven major petrochemical companies** saw sales grow over the previous year.

訳例 の主語：売り上げ高

直し の主語：大手石油化学 7 社

直し に沿った和訳：大手石油化学 7 社は（9 月中間期で）前年同期に比べいずれも売り上げ高を伸ばした。

● 「前年同期」は，from a year earlier/ from the previous year/ year on year/ from the corresponding period of last year/ from year-earlier levels など。

> **原文** 同社が発表した 9 月中間決算の**経常利益**は 103 億円と中間期として 4 年ぶりに 100 億円を上回った。
>
> **訳例** The company's **pretax profit** in the half year ended September topped ¥10 billion for the first time in four years.
>
> **直し** **The company** reported a pretax profit of ¥10.3 billion for the half year ended September, exceeding ¥10 billion for the first time in four years.

訳例 の主語：（同社の）経常利益

直し の主語：同社

直し に沿った和訳：同社は 9 月中間期で 103 億円の経常利益を記録，4 年ぶりに 100 億円を上回った。

● 「経常利益」は pretax profit，「純利益」は net profit，「業務利益」は operating profit。

> **原文** ソフトウェア会社 13 社の 2019 年度の**経常損益**は，12 社が増益，1 社が黒字に転換する見込み。
>
> **訳例** **Earnings** of software developers in fiscal 2019 are recovering with 12 among 13 companies expecting **profits** to rise, while one firm hopes to rise from being in the red.
>
> **直し** **Software developers** are seeing an earnings recovery in fiscal 2019, with 12 of the 13 firms expecting higher pretax profits and one software house hoping to move out of the red.

訳例 の主語：（ソフトウェア会社の）収益，経常損益

直し の主語：ソフトウェア会社

直し に沿った和訳：ソフトウェア各社は経常損益の回復を見込んでいる。2019 年度は，13 社のうち 12 社が増益，1 社が黒字転換の見通しだ。

● **直し** 3 行目の house が「会社」を意味し，「ソフトウェア会社」を「ソフトウェア（開発）会社」と訳すべきだということはすでに指摘した。

● 「黒字に転換する」をこの事例では move out of the red（赤字から脱却する）と訳した。同じ「黒字転換」でも英語の表現は多様だ。以下の例文を参照。

▶「黒字転換」,「赤字転落」

> **原文** A 社など 5 社が黒字に転換した。
>
> **訳例** Company A and four others succeeded in **turning to black**.
>
> **直し** Company A and four others **moved into the black**.

● 「転換」だから turn を使いたいところだが，turn to (the) black とは言わない。次の **訳例** も turn を使った。

> **原文** 前期まで 3 期連続で赤字だった化学部門は中間期段階で**黒字に転換する**とみられる。
>
> **訳例** The account of the chemicals, which had been in the red for three consecutive years, is likely to **turn to black** in the current interim period.
>
> **直し** The chemicals division, which has been in the red for three consecutive years, is likely to **show a profit** in the half-year period.

〔解説〕「黒字転換する」を「利益をあげる」と解釈して書き直した。同じ発想で become profitable/ return to profitability も可。profitability は「利益を出す状態」の意味。「化学部門」は chemicals が複数形になることに注意。s が付くと「化学製品」の意味になる。

　「中間期」は，interim period/ midterm period/ half-year period/ six-month period/ six months through [or ended] September など。「…期」の through と end の使い分けについては 114-115 ページを参照。

❖ **黒字転換**

¶ 同社は黒字に転換した。

　The company has **turned a profit**.

¶ 黒字転換を見込む（発表する）

　expect（report）a **return to profit**

> **原文** 半導体向け電子材料の好調と合理化効果で**収益が回復に転じた**。
>
> **訳例** Earnings **returned to positive territory** thanks to increased sales of semiconductor materials as well as cost-cutting efforts.

〔解説〕「赤字」をマイナス,「黒字」をプラスと考えると positive territory のような英訳も可能だ。この場合の territory は「どっちの側」というときの「側」。

　「合理化」を rationalization とか streamlining と訳す例が多いが,実態としては人員削減であり,製造コストの引き下げだから,cost-cutting efforts でよい。

　「黒字に転換する」は「黒字に振れる」とも表現できる。以下の **訳例** で使われた swing(振れる)は「ブランコ」の意味でもある。

> **参考** 両証券会社はいずれも 2 年ぶりの**黒字転換**となる。
>
> **訳例** The two securities firms will **swing into the black** for the first time in two years.

次に,「赤字転落」をみよう。

> **原文** 同社は上場以来初めて**赤字転落**した。
>
> **訳例** The company **turned to the red** for the first time since it was listed on the stock exchange.
>
> **直し** The company **posted [recorded] red ink** for the first time since it was listed on the stock exchange.

● red ink は文字通りの「赤字」。欠損を帳簿に記入する際,赤色で表示したことに由来するという。

〔解説〕「上場以来」とくれば「**いつ**上場されたのか」を知りたいところだが,そうした情報が日本語の新聞には欠落していることが多い。「原文に書いてなかったから」と言ってしまえばそれまでだが,英語でものを書くときは,たとえ翻訳であっても,そうした情報は調べて追加するという心構えが大事。

❖ 赤字

¶ 赤字拡大が心配だ。
There could be more **red ink**.

¶ 赤字企業
a **money-losing [loss-making]** company

¶ 賃上げしたら赤字になってしまう。
We **can't make money** if we pay workers more.

¶ 同社は 10 億円の赤字を出した。
The company **lost** ¥1 billion.

¶ 同社は赤字経営だ。
The company is running at a **loss** [... is **losing money**].

¶ 同社の最終損益は赤字だった。
The company finished in the **red**.

¶ 米国は中国に対して貿易赤字を抱えている。
The U.S. is running a trade **deficit** with China.

原文 米金融当局者の同銀行に対する最終的な処分の決定は年明け以降になる**公算**が大きくなっている。

訳例 **Prospects** have become stronger that U.S. monetary authorities will finalize their action against the bank after turn of the year.

直し **U.S. monetary authorities** are unlikely to finalize their case against the bank until early next year.

訳例 の主語：公算

直し の主語：米金融当局

直し に沿った和訳：米金融当局は同銀行に対する最終処分決定を来年初めまで持ち越すようだ。

原文 同社の**ドライブレコーダーの生産**はこれまでの月 20 万台から 30 万台に増産する。

訳例 The company's monthly **drive recorder output** will increase from its present 200,000 units to 300,000 units.

> 　直し　 **The company** plans to increase its monthly production of dashboard cameras [dashcams] from 200,000 to 300,000.

　訳例　の主語：ドライブレコーダーの生産

　直し　の主語：同社

● 「ドライブレコーダー」は dashboard camera/ dashcam/ dash cam という。

〔解説〕「**ドライブレコーダーの生産**」を主語にするのであれば，Monthly **production of dashboard cameras** will be raised to ... と受け身にした方がよい。ドライブレコーダーの生産は自分の意志で「上がったり」，「下がったり」はしない。生産している会社が「上げたり」，「下げたり」するものだ。従って，このケースでは他動詞として活用できる動詞を使いたい。

> 　原文　 今年の夏休みは，需要好調で大量の受注残を抱えた半導体，パソコンメーカーが休み返上で操業する動きを見せているのに対し，業績が思わしくない**自動車メーカー**では夏期休暇を例年より増やすところが多い。

> 　訳例　 There may not be any **summer holidays** at semiconductor and computer *companies*, while longer summer holidays are expected at slumped auto *companies*.

> 　直し　 **Auto workers** can expect relatively lengthy summer holidays because of weak business, while employees at booming semiconductor and personal computer firms may see little time off.

　訳例　の主語：夏休み

　直し　の主語：自動車メーカー（産業）の労働者

　直し　に沿った和訳：自動車産業の労働者が業績の低迷で例年より長めの夏期休暇を取れそうなのに対し，好況の続く半導体，パソコンメーカーの労働者は夏休みどころではなさそうだ。

〔解説〕　原文　のどこを探しても「自動車産業の労働者」ということばは見当たらない。しかし，「自動車メーカーでは夏期休暇を例年より増やすところが多い」ということは，取りも直さずそこで働いている従業員の夏休みが長くなることだ。

● **訳例** では，companies が同一文のなかに 2 度使われている（斜体部分）。これはできるだけ避けた方がよい。どのような言い換えが可能かについては 131 ページ以降を参照。

❖ **好調**

¶ 景気は**好調**だ。

The economy is **strong**.

¶ 新年は**好調**な滑り出しだ。

The new year has got off to a **good** start.

¶ 低価格が受けてその商品は売れ行き**好調**だ。

The product is selling **well** thanks to its low price.

¶ 連続ドラマの出足の視聴率は**好調**だった。

The new drama series started out with **high** [good] ratings.

¶ スマホの**好調**な売れ行き

strong sales of smartphones

---

④ 主語選択の幅

原文 **財務省**は銀行局幹部を米国に派遣し，…について米金融当局者に説明する。

訳例 **The Ministry of Finance** will send officials from its Banking Bureau to the U.S. to explain to U.S. officials on ...

直し **Senior Banking Bureau officials of the Finance Ministry** will head for the U.S. to outline details of the ministry's plans in [with] regard to ...

訳例 の主語：財務省

直し の主語：財務省の銀行局幹部

直し に沿った和訳：財務省銀行局の幹部は，…について米金融当局者に説明するため米国に向かう。

〔解説〕 **訳例** よりエディターの **直し** の方が良いかどうかということはここでは問題ではない。重要なのは，このような場合，日本語では「財務省」を主語に据えることがほとんどなのに対し，英語では「銀行

局の幹部」でも可能だということである。

　次の事例でも，日本語の主語は固定しているが，英語では必ずしもそうではない。

　参考　共同通信社の全国世論調査によると，…内閣の**支持率**は40.4％で不支持率は43％と，前回調査とほぼ同じ水準となった。

　訳　The cabinet of Prime Minister … had an **approval rating** of 40.4 percent, while 43 percent of Japanese don't support the government, both figures almost unchanged from the previous poll, according to a Kyodo News survey.

　参考　（日本経済新聞社は全国電話世論調査を実施した。）… 内閣の**支持率**は48.3％で，3月の前回調査を1.6ポイント上回った。

　訳　**The approval rating** for the government of Prime Minister … grew 1.6 points from March to 48.3 percent in the latest survey conducted by The Nihon Keizai Shimbun.

●「世論調査」は a public opinion poll [survey] で，「支持率」は approval rating /（public）support rating / popularity rating など。rating の応用例で，audience rating といえばテレビの「視聴率」，bond rating は「債券の格付け」。
〔解説〕「内閣支持率の世論調査」といえば，「支持率」を主語にするのが日本語では常石になっているが，英語では「支持率」，「内閣」どちらを使っても成立する。ここで取り上げた例文の前者は「内閣」を，後者は「支持率」を主語にした。

　それでは，次の事例の英訳では何を主語にすればよいか。

　原文　**財務省**は**証券取引審議会**で，銀行に投資信託の販売を認めることを検討する。

「財務省」または「証券取引審議会」を主語にするのがオーソドックスな方法で，翻訳者もそのように考えた。

　訳例　**The Finance Ministry's Securities and Exchange Council** will study the possibility of allowing banks to sell investment trust funds.

　これに対して，コピーエディターは「銀行」を主語にして以下のように書き直した。

> **直し** **Banks** may get the green light to sell investment trust funds in a proposal now being studied by the Finance Ministry's Securities and Exchange Council.

　証券取引審議会で了承されれば，銀行は投資信託の販売を認められることになろう，という意味の文に生まれ変わった。 **原文** では「検討する」としか言っていないところを， **直し** の英訳は「検討して OK されたら…」と，いささか先走りの感がしないでもない。

　主語選択をめぐる日英両言語の発想の違いは，以下のケースからも明確だ。

> **原文** 東欧では **A 社**がルーマニアの合弁工場の操業を始めたほか，**B 社**もポーランドで工場建設を進めている。
>
> **訳例** In Eastern Europe, **Company A** has started running a jointly owned factory in Romania, while **Company B** is building an auto plant in Poland.
>
> **直し** **Eastern Europe** is attracting carmakers, with Company A opening a joint venture in Romania, while Company B is building an auto plant in Poland.

〔解説〕この **原文** を英訳しなさいと言われたら，ほとんどのひとは A 社と B 社を主語にして文を書き起こし，それ以外の主語は思い付かないのではないだろうか。そうでないことは **直し** の英文を見れば明らかで，「東欧」を主語にすることは可能である。「東欧は各国の自動車メーカーにとって魅力のある市場となっており，A 社がルーマニアで合弁事業を始めたほか，B 社もポーランドで工場建設を進めている」とすればよいわけだ。英語ではどちらを主語にしても違和感はない。

5　主語の逆転

　英語で表現するときは数字や収益や見通しといったものよりも，実体のはっきりした企業や組織や個人を主語に採用する方が自然だということを

具体的にみてきた。書き出しについてはその傾向が特に強い。

ところが，文の後段ではその傾向は必ずしもはっきりしない。文章の流れを受けて，これまで指摘してきたのとは逆の現象が起きることもある。

原文 （**同社**は中国で新たにファンモーターの工場を稼働させ），タイ，台湾の工場と合わせた月産台数を現在より約 120 万台多い約 440 万台に増やす。

訳例 Following the production capacity hike, **the company** plans to raise a combined monthly output of fan motors in China, Thailand and Taiwan by around 1.2 million units to some 4.4 million units.

直し As a result of the increase in capacity, the company's **monthly production** of fan motors in China, Thailand and Taiwan is set to rise by 1.2 million units to some 4.4 million.

〔解説〕翻訳の対象になったのは **原文** の（　）に続く部分だが，文の流れが分かるようにパラグラフの前半を挿入した。

　これまで見てきた事例からすれば， **原文** の主語は「同社」になるはずで， **訳例** でも「同社」を主語にした。ところが，エディターは「月産台数」を主語にもってきた。「中国，タイ，台湾の工場と合わせた月産台数は現在より約 120 万台多い約 440 万台に引き上げられる」という意味の英語になり，「同社」の姿はどこにもない。

　「同社」を主語にしなかった理由はふたつ考えられる。まず，すぐ直前の文も「同社」が主語になっているので，ふたつ続けて同じ主語で文を作りたくないという意図がエディターに働いたこと（英語では，同じ主語の繰り返し使用を嫌う傾向が強い）。

　第 2 の理由は，「同社」の代わりに「月産台数」を主語にすると受け身の文になるが，受動態になっても主体が「同社」だということがはっきりしているので，誤解の生ずる心配はないと考えられるからだ。

　一般的に，英文ジャーナリズムで受け身の表現を避ける傾向があるのは，ニュースの基本要素である 5W1H（who, when, what, where, why and how）の who，つまり「だれ」が不明確になるためで，この傾向は英文ライティング全般に共通しているように思える。ということ

は，主体が何であるかが前後関係から自明ならば受動態の文を使っても不都合はないわけで，むしろ，主語を「隠し」，同じ主語の反復使用を回避するための有効な手法だとも言える。

　次節の3つの例文でも，書き直された文がいずれも受け身になった。

⑥ 受動態と能動態

> **原文** （合弁会社はクアラルンプール郊外に工場を建設中で，年内に生産を開始する。）（**合弁会社は**）来年中に生産量を5割増の年間3万トンにする。
>
> **訳例** The joint venture plans to raise the annual output by 50 % to 30,000 tons within next year.
>
> **直し** Annual output is expected to increase by 50 percent to 30,000 tons by the end of next year.

訳例 の主語：合弁会社

直し の主語：年間生産量

直し に沿った和訳：年間生産量は5割増の3万トンに引き上げられる。

〔解説〕 **原文** の「…生産を開始する」で終了した文に続ける場合，「生産量は…」で書き出した方が，「A社は…」で始めるよりも自然でスムーズな文章の流れをつくれる。

> **原文** （A社は米国のB社と日本国内におけるB社製機械の独占販売契約を結んだ。）（中略）A社はB社の製品を国内で販売し，5年後に10億円の売り上げを目指す。
>
> **訳例** Company A expects annual sales of machines from the U.S. producer to reach ¥1 billion within five years.
>
> **直し** Annual sales in Japan are expected to reach ¥1 billion in five years.

訳例 の主語：A社

直し の主語：年間売上高

〔解説〕ここでも，　直し　から「A 社」は消えているが，「A 社による」B 社製品の国内販売であることは，文脈から明確だ。

● 「5 年後に」を within five years とすると「5 年以内に」の意味になる。正しくは in five years。類似の間違いは 112-114 ページを参照。同様に「(これから) 5 年後に」を after five years とするのも間違い。

　原文　（経産省は個人輸入を促進するための初の政府事業を 3 月に実施することを決めた。）（中略）この事業は，欧米の通信販売業者 75 社を招き，1,500 種類以上の世界の商品カタログを展示する。

　訳例　**The Ministry of Economy, Trade and Industry** is expected to invite 75 mail order houses from Europe and the U.S. to display more than 1,500 catalogues.

　直し　**A total of 75 mail-order companies** from Europe and the U.S. will be invited to display more than 1,500 catalogues.

〔解説〕「75 社を招く」主体が経産省だということは文脈から疑問の余地がないと考えられ，　直し　では経産省に言及していない。受け身表現が「主語隠し」として有効だという好例だ。

　　次に受動態から能動態に書き換えられた事例をみよう。

　原文　経産省は，ストックオプション制度の第 1 号事業者として同社を認定した。

　訳例　The company **was given** the go ahead by the Ministry of Economy, Trade and Industry to be the first company to offer its employees stock options.

　直し　The company **received** the first approval from the Ministry of Economy, Trade and Industry to set up a stock options program for its employees.

〔解説〕　原文　にとらわれずに，「経産省」ではなく企業を主語にしたところまではよかったが，「経産省から認定された」と受け身になってしまった。「認定を受けた」と発想すれば能動態でいけた。

> **原文**　持ち株会社の設立を解禁する**独占禁止法の改正案**が（公正取引委員会の手で）まとまった。

> **訳例**　**An amendment to the Anti-Monopoly Law** which would allow the establishment of holding companies has been drafted by the Fair Trade Commission.

> **直し**　**The Fair Trade Commission** has prepared an amendment to the Anti-Monopoly Law that would lift the ban on holding companies.

〔解説〕これは新聞記事の冒頭部分で，英語の書き出しとしては「公正取引委員会」（Fair Trade Commission）を主語にするしかなさそうだ。

　　訳例　のように An amendment to ... で始めて，主語の部分が頭でっかちになるのは感心しない。

● 「…の改正案」は amendment *to* ... で amendment *of* ... ではないことに注意。

英文記者キャリアのスタート

　筆者の社会人としての振り出しは共同通信社大阪社会部の記者だった。担当の警察署に詰めて，事件や事故を取材していた。仲間内では「サツ（警察）回り」と呼んでいた。大阪に3年，滋賀県の大津支局に2年勤務した。その後，大阪社会部へ戻り，それから東京本社へ配属されるはずだった。

　ところが，大津での年季を終えてそろそろ大阪へ帰るころかと思っていたら，上司に呼ばれ，大阪を経由せずに直接東京本社へ行くように指示された。本社に海外部という職場があって，急に欠員ができたので行ってくれ，というのだ。聞けば，日本語の新聞記事を英訳したり，英語で記事を書くのが仕事だという。英語で取材といっても全く経験がないし，希望したわけでもないのに，いきなりなぜ…と逡巡していたら，「行ってみろ。何とかなるから」といわれて東京へ送り出された。30歳のことだった。

　海外部に配属されて気が付いたら，同じ年頃の同僚のなかには大学で英語や英文学を専攻し，入社後すぐに海外部に配属され，すでに7〜8年の英文記者経験があるという仲間もいた。周回遅れどころか，2周も3周も引き離されているようで，なんだか心細くなった。筆者の大学での専攻は社会学だった。

　大きなハンディを負ってのスタートだったが，始めてみると，日本語記事の英訳や，英語で記事を書く仕事は結構おもしろかった。

　日本語の記事の書き方には，一種のパターンがあって，それから逸脱すると，デスクにどなられたり，書き直しを命じられたりするのが落ちだが，英語ではそうした制約が比較的少ない。つまらない事件や事故の記事でも，書き方はかなり自由で，決まった型のようなものがないのだ。

　型がない代わりに，記事の書き出しのパラグラフ（これを lead para とか lead paragraph という）にニュースのポイントを簡潔に凝縮させ

る工夫とテクニックが必要になる。lead paragraph を読めば，ニュース全体が分かるような書き方が求められるのだ。いきなりズバッとニュースの核心を突く。このスタイルが，筆者には向いていたようだった。社会部記者としては，ネタが取れず，取材が甘く，粘りに欠け…とどうみても落ちこぼれだったが，英語で記事を書くようになって，水を得たさかなのような気分になった。

　英文記事を書いた経験ゼロということは，見方によっては，短期間に急成長するポテンシャルが高いともいえるわけで，事実，2〜3 カ月もしたら，簡単な英文記事ならサマになってきた，ような気がした。調子づいた勢いで，海外部配属 4 カ月目の 1978 年 11 月の大相撲九州場所では，1 場所 15 日間通しで相撲記事を書かせてほしい，とデスクに申し出た。新人に，しかも 15 日間ぶっ続けで相撲記事を書かせるなどという無茶がどうせ通るはずはないとタカをくくっていたら OK になってしまった。

　相撲記事の仕事は海外部では敬遠されていた。まず，相撲そのものに関心のあるスタッフが少なかった。相撲は日本語記事からの翻訳ではなく，テレビの中継を見ながらいきなり英語で書かなければならない点も嫌がられていた（当時の海外部は日本語記事の翻訳が中心だった）。そして，何よりも，かなりの分量の記事をその日の取組終了後 1 時間以内に仕上げて *Japan Times*, *Mainichi Daily News*（2001 年発行停止），*Daily Yomiuri*（2013 年 *Japan News* に改題）の共同通信加盟英字紙に配信しなければならないという時間のプレッシャーがあった。

　筆者には社会部での取材経験があったとはいえ，経験 4 カ月の新人に相撲の英文記事を任せるのは大きなリスクだったはずだ。それを知ってか知らずか，怖いもの知らずの筆者も筆者なら，OK したデスクもデスクである。

　それはともかく，何とか 1 人で九州場所を乗り切った。ほっとすると同時に，英文記者を一生の仕事としてやっていけるのではないかという自信のようなものも感じていた。

第 2 章

語順・修飾語

日本語では形容詞あるいは形容句は修飾することばの必ず前に置かれる。これは例外なしに言えることで，日本語の大きな特徴のひとつになっている。かんたんな例では，「美しいひと」，「つまらない授業」，「むずかしい本」がそうだし，「何か食べるもの」，「何だかわけの分からない話」，「この道はいつか来た道」といったいささか複雑なケースについてもこれは当てはまる。

英語に翻訳すると，「美しいひと」以下の3例は英語でも「形容詞＋名詞」のパターンだが，「何か食べるもの」に続くケースは「形容詞＋名詞」というわけにはいかない。「何か食べるもの」はおなじみの something to eat で，これは「名詞＋形容句」のパターンだ。実は，英語にはこのように，名詞が形容句を従えるケースがかなりある。そんなことは翻訳者にとって常識になっているのだが，いざ日本語の原稿を手元において翻訳に取りかかると，日本語の影響を受け，日本語的発想，語順の英語になってしまうことが少なくない。

原文 楽器・AV（音響・映像）ソフト店も売り上げは好調。

訳例 Business was also brisk at **musical instrument and audiovisual software retailers**.

直し Business was also brisk at **retailers selling musical instruments and audiovisual software**.

この例では「楽器・AV（音響・映像）ソフト」までを形容詞と考え，それをそっくりそのまま「店」にかぶせた。形容詞の部分は語数にすると5語になり，これはいかにも長すぎる。これに対し，エディターは「小売り店」（retailers）をまず先に出して，その後に形容句にあたる部分を付け，つなぎとして，「（楽器・AV（音響・映像）ソフトを）販売する」を挿入した。

1 位置転換

以下の事例はいずれも太字の修飾部分が長すぎて書き直されたケース。名詞とそれを修飾する部分をいったん切り離し，位置を入れ換えて of を使って再接続することが多い。

> **原文** 邦銀の信用度に不安が広がる恐れがある。
> **訳例** Concern over many **Japanese commercial banks' credit-worthiness** could intensify.
> **直し** Concerns about **the creditworthiness of many Japanese banks** could grow.

〔解説〕creditworthiness を many の前に移動させ，of を接着剤にして many 以下を続ける。

● 「不安が広がる」を grow（強まる）とした。increase, spread も可。「恐れがある」は could で表現できる。「…するかも知れない」，「…しそうだ」の意味である。

● creditworthiness は，「（融資を受ける）信用力があること」。worthiness の似たような使い方としては，airworthiness（安全性の基準を満たした飛行機が飛べる状態にあること）や trustworthiness（信用，信頼できること），road-worthiness（クルマなどが道路を走れる状態にあること）などがある。これらはすべて 1 語。

> **原文** 大手農機具メーカー 3 社
> **訳例** **three major agricultural machinery makers**
> **直し** **three major manufacturers of agricultural machinery**

〔解説〕「大手農機具メーカー 3 社」を「大手メーカー 3 社」of「農機具」に並び替える。

● machinery は machine の集合名詞。「農機具」は farm machinery とも言える。

● 「メーカー」を「就職希望先はメーカーです」のように製造業一般の意味で使うときは manufacturer とする。「自動車メーカー」のように，業種が特定されていれば car manufacturer のほかに automaker [carmaker, car maker] も使える。

> **原文** 非鉄金属大手各社の業績が回復に向かいそうだ。
> **訳例** **Leading nonferrous metal makers** will see better earnings pictures for this fiscal year.
> **直し** **Leading producers of nonferrous metals** are likely to post improved earnings.

> **原文** ニューヨーク連邦準備銀行が**在米邦銀のドル資金の調達状況**を調査している。

> **訳例** The Federal Reserve Bank of New York has asked Japanese banks in the U.S. to report **their dollar procurement status**.

> **直し** The Federal Reserve Bank of New York has asked Japanese banks in the U.S. to report **the status of their dollar-based fund procurement**.

〔解説〕「調査している」は looking into ... とか investigating ... とかを使いたくなるところだが，この場合，具体的には邦銀各行にドル資金の状況を報告させていることのようだから，**訳例**の言い回し「報告するよう要請する」でよい。

● 「状況」は status 以外に state / situation も考えられる。

> **原文** A 社は 2020 年 12 月期の**経常利益が 78 億円強**とわずかながら前期を上回り，**過去最高となりそうだ**。

> **訳例** Company A is estimated to see **a record-high ¥7.8 billion pretax profits** in fiscal 2020 ending December.

> **直し** Company A expects **a record-high pretax profit of slightly more than ¥7.8 billion** in fiscal 2020 ending December 31.

〔解説〕太字部分を「過去最高の 78 億円強の経常利益」と考え，その語順のまま英語に置き換えたのが**訳例**。これを分割するにはふた通りの方法があって，**直し**のように「過去最高の経常利益」を前に置いて of を間にはさみ，その後に「78 億円強」をつなげるのがひとつ。両者の位置を逆転して「78 億円強」を前に出して slightly more than ¥7.8 billion とし，それに続けて *in* a record-high pretax profit とするのが第 2 案。後者のケースではつなぎに in を使う。

● **訳例**は「…強」を訳し忘れたが，slightly more than ... でよい。

> **原文** 家電量販店 3 社

> **訳例** three major retailers of consumer electric and electronic appliances

> **直し**　three major consumer electronics retailers

〔解説〕「家電」が consumer electric and electronic appliances であれ
ばちょっと長いので of をはさんで２分割し，three major retailers を
前方に配置した方が分かりやすいかもしれないが，consumer elec-
tronics の２語で「家電」を表現できるので，「直し」のように of を外
し，一気につなげた方が良いとエディターは判断したのだろう。以下の
ケースも似たような事例だ。

> **原文**　小池百合子**東京都知事**
> **訳例**　Yuriko Koike, **governor of Tokyo** / **Governor of Tokyo**
> Yuriko Koike
> **直し**　**Tokyo Governor** Yuriko Koike

〔解説〕かつては Governor of Tokyo ... のように Governor を頭に出
して of Tokyo とつなげるのが一般的だった。

> **原文**　邦銀の資金調達の動き
> **訳例**　practices of Japanese banks' fund raising activity
> **直し**　the fund-procurement activity of Japanese banks

● このケースの「動き」は activity がよい。同じ動きでも「物価や地価の動き」
は changes in consumer prices (land prices) となり，株や外国為替の激しい
「動き」は fluctuations を使い，政治の「動き」は political developments など
という。

❖ **動き**
¶ 社会の**動き**が加速している。
Society is **running** at a higher speed.
¶ 中国国内の**動き**に注目する
take note of what is **happening [going on]** in China
¶ (停滞していた) 経済が再び**動き**出した。
The economy is on the **move** again.
¶ 企業が事業再開の**動き**を見せている。
Businesses are starting to **open their doors** again.

¶ 今後数日の**動き**を注視する

watch the **developments** of the coming days

¶ 台風の**動き**は極めて遅い。

The typhoon is **moving** very slowly.

¶ 日本企業の海外展開の**動き**が加速している。

More companies are **moving** out of Japan. ／ More Japanese companies are **going** overseas.

¶ 水面下では様々な**動き**がある。

There's a lot of **action** going on behind the scenes.

原文 民間最終消費は 0.2 ％の伸びにとどまったようだ。

訳例 **Japan's private-sector final consumption** appears to have risen only 0.2 ％.

直し **Final consumption in the private sector** appears to have risen only 0.2 percent.

〔解説〕「民間最終消費」をこの語順のまま英訳するのはちょっときつい。そこで，まず「最終消費」(final consumption) を前に出し，「民間（の）」(in the private sector) をその後に持ってくる。

原文 防衛省と米国防総省は（懸案の次期支援戦闘機をめぐる）**日本技術の対米移転**交渉で合意した。

訳例 Japan's Defense Ministry and U.S. Department of Defense have reached agreement in their talks on **Japanese technology transfer** to U.S. companies.

直し Japan's Defense Ministry and the U.S. Department of Defense reached agreement on **the transfer of Japanese technology** to U.S. companies.

〔解説〕日本語では「日本技術の対米移転」で「移転」が最後にくるのに対して，英語では the transfer of ... とアタマに移動する。そして，その後に移転の中身の説明が続く。

> **原文**　米金融当局は**邦銀の資金繰り**への関心を強めている。

> **訳例**　U.S. financial authorities are paying keen attention to **Japanese banks' cash flow.**

> **直し**　U.S. financial authorities are closely watching **the cash flow of Japanese banks.**

〔解説〕「邦銀の資金繰り」は「の」を境にして前後を引っくり返して英語にすると **直し** にみられるような the cash flow of Japanese banks になる。

● 「関心を強めている」の「強めている」がうまく翻訳されていない。**訳例** の paying keen attention, また **直し** の closely watching から米金融当局が「強い関心をもっている」ことは分かる。しかし,「関心を強めている」のくだりは「(これまで以上に) 強い関心を持っている」ということだろうから, そのあたりのニュアンスをうまく翻訳に反映したい。そこで, たとえば,

U.S. financial authorities are watching the cash flow of Japanese banks **more closely**.

とすれば「強めている」を表現できそうだ。太字部を under tighter scrutiny (監視を厳しくして) とか, with closer attention (より注意深く) などとしてもよい。

❖ **強める**

次のように比較級, または increase で表現できる。

¶ 台風は勢力を**強めて**いる。

The typhoon is getting **stronger**.

¶ …への対抗措置を**強める**

take **stronger [tougher]** action against ...

¶ 北朝鮮に対する経済的圧力を**強める**

increase [step up] economic pressure on North Korea

> **原文**　**株式売却**を 42 億円にとどめたため, 経常赤字は前期より 50 億円強拡大した。

> **訳例**　Pretax loss expanded some ￥5 billion, **as shareholdings sale** was kept down to ￥4.2 billion.

38

直し The company's pretax loss increased slightly more than ¥5 billion as sales **of stockholdings** were kept to ¥4.2 billion.

〔解説〕これも「売却」を前に出して，「株式の」を後ろに配置する。

● 「株式売却」を「（所有している）株式（shareholdings）の売却」と解釈して英訳したのはうまい。

● 「50億円強」を some ¥5 billion と翻訳した **訳例**。これだと「約50億円」の意味になる。正しくは slightly [a little] more than ¥5 billion。

原文 中国政府は**外資優遇策**を見直している。

訳例 The Chinese government is re-examining **its favorable treatment policy for foreign investors**.

直し The Chinese government is re-examining **its policy of favorable treatment for foreign investors**.

〔解説〕日本語と英語の語順が逆転している一例。英語は，(1) 策，(2) 優遇，(3) 外資，つまり，policy (of) favorable treatment (for) foreign investors の順番で並び，つなぎ目に of と for をはめ込むと「外資優遇策」の訳ができ上がる。

● 「外資」をここでは「外国人投資家」と訳した。

原文 液晶表示装置の**国内生産額**は 15.1％減少した。

訳例 **Domestic production value** of liquid crystal displays fell 15.1 %.

直し **The value of domestic production** of LCDs fell 15.1 percent.

② 大手術

修飾部分があまりに長すぎると，分解して of で再結合というわけにはいかず，関係代名詞を動員するなどの大手術が必要になる。

原文 両社は**安価で画質の良い新型 TFT（薄膜トランジスタ）方式液晶表示装置（LCD）**の共同生産に合意した。

> 訳例 ▷ The two companies have agreed to joint production of **cost competitive and high picture quality thin-film transistor liquid crystal displays.**
>
> 直し ▷ The two companies have agreed on joint production of **thin-film transistor liquid crystal displays that are more cost competitive and higher quality.**

〔解説〕 訳例 ▷ の修飾部分（太字部）はどうみても長すぎる。thin-film … 以下を前に出し，修飾部分を that の後に移動させて改修工事を完了した。

● 「安価で」を cheap ではなく cost competitive としたのはお見事。「価格競争力がある」ということだ。ただ， 直し ▷ にあるように，more を付けて比較級にすべきだった。同様に「画質の良い」も high picture quality ではなく，higher とすれば英訳として光る。なぜ比較級にする必要があるのかは，66-69 ページを参照。

▶「to ＋不定詞」で

以下の 4 例は修飾部分をいったん分解し，to を使って不定詞をつくり，それを形容詞的に用いて処理するケース。

> 原文 ▷ A 社は**出力 130 メガワットの実験用発電用設備**を設置する。
>
> 訳例 ▷ Company A plans to build a pilot **power generation facility of 130 megawatts of electricity.**
>
> 直し ▷ Company A plans to build **a pilot plant to generate 130 megawatts of electricity.**

> 原文 ▷ B 社は 2021 年 3 月，上海市で**小径ベアリング生産工場**を開設した。
>
> 訳例 ▷ Company B set up **a small-diameter bearing factory** in Shanghai in March 2021.
>
> 直し ▷ Company B set up **a factory** in Shanghai in March 2021 **to make small bearings.**

〔解説〕「小径ベアリング生産工場」は「小径ベアリングを生産する工場」。

原文 3社はオマーンで**計画されている LNG プラント**に企業連合で参加する。

訳例 The three companies have formed a consortium to participate in a bid for **a planned LNG plant** in Oman.

直し The three companies have formed a consortium **to build an LNG plant** in Oman.

〔解説〕 **原文** の「計画されている」は無視してよいだろう。「企業連合で参加する」ということは，オマーンに LNG プラントの建設計画があることを示唆しているからだ。「オマーンの LNG プラント」と訳せば十分。

● LNG plant に不定冠詞を付けるときは **直し** にみられるように *an* LNG plant とする。L は子音だが，発音が [el] で母音になるためだ。同様に，「80％の増加」は *an* 80 percent increase,「総勢 11 人の代表団」も *an* 11-member delegation で，いずれも an となることに注意。

原文 （電気通信）審議会は日本電信電話（NTT）の**株主保護策**を答申する。

訳例 The council aims to propose an establishment of **protection measures for NTT shareholders**.

直し The council will propose **measures to protect NTT shareholders**.

〔解説〕「株主保護策」⇒「株主を保護する政策」。

原文 東京商品取引所は，（ガソリン輸入自由化に伴って国内価格の変動が激しくなるのは必至とみて），石油元売り会社に**変動リスクのヘッジ手段**を提供する。

訳例 The Tokyo Commodity Exchange plans to start trading of gasoline futures contracts, to offer **a risk hedge mechanism** to wholesalers.

直し Tokyo Commodity Exchange plans to offer oil wholesalers **a mechanism for hedging risk**.

〔解説〕「変動リスクのヘッジ手段」は「変動リスクをヘッジするための手

段」と考える。「手段」をここでは mechanism（仕掛け，仕組み，制度）と訳した。

❖ **手段**

¶ 彼は出世のためなら**手段を選ばない**だろう。

He would **do anything** to get ahead.

¶ 教育は貧困との戦いにおける最も有効な**手段**だ。

Education is the best **way** to fight poverty.

¶ 人やモノを最も速く，最も確実に運搬する**手段**

the fastest, most reliable **way** to move people and goods

---

③ **不適合**

修飾部分が長すぎるわけではないが，「名詞＋名詞」の組み合わせがなじまないケースで，前置詞をはさんで並び換える。

| **原文** | 政府系金融機関が中小企業向け**貸出金利**を引き下げた。 |

訳例 Government-affiliated financial institutions have lowered **loan rates** for small and midsize firms.

直し Government-affiliated financial institutions have lowered **rates on loans** to smaller companies.

〔解説〕「貸出金利」は loan rate よりも rate(s) on loan(s) の方がなじむ。ただし，「…貸出金利を引き下げた」という文を受けて，その結果，「貸出金利は史上最低水準に低下した」とくれば，後続の文の主語の語順は the loan rates でよい。

● 「中小企業」は small and midsize companies が一般的だが，smaller companies, small businesses でも可。

● 「貸出金利（貸出の金利）」は rates *on* loans で，rates of loans ではない。次の 2 例を参照。

参考 （預金）**金利**も預金保険の保証対象に，財務省方針（新聞の見出し）

> **訳例** MOF to guarantee **deposit's interest** in case of bankruptcy

> **直し** MOF to guarantee **interest on deposits** if banks fail

〔解説〕金融機関が破たんしたら元金だけでなく預金の金利も預金保険の保証対象にしようという話。MOF = Ministry of Finance

● 「…した場合」を **訳例** のように in (the) case of ... とする翻訳者が多いが，if の1語で済ませられることも多い。

● **直し** の fail は「失敗する」ではなく，「倒産する」の意味。

> **参考** これらの企業は政府系金融機関から**年1％の融資**が受けられる。

> **訳例** These companies are able to receive **1% annual loans.**

> **直し** These companies are qualified to get loans at **an annual interest rate of 1 percent.**

〔解説〕「融資が受けられる」の「られる」は可能性というよりも「受ける資格がある」ことだから to be able to receive ではなく，to be qualified to receive とか to be eligible for receiving の方が適当だ。

> **原文** 債券売買益

> **訳例** bond trading gains

> **直し** gains from bond trading

● 「債券売買益」は「債券の売買（から）得られる利益」と考える。類似例は202ページを参照。

> **原文** （A社の純利益は最高益を上回りそう。）産業用機械の**需要回復**の恩恵を受ける。

> **訳例** Company A expects its net profits to rise to a record high on **demand recovery** for industrial-use machinery.

> **直し** Company A expects its net profit to rise to a record high on **a recovery in demand** for industrial-use machinery.

〔解説〕「需要回復」は demand と recovery でわずか2語なのだが，recovery in demand と順序を入れ換えた方が英語としては落ち着く。

● 「最高益を上回る」は rise to an all-time high とか rise to a new high とも言える。

原文 同ビルは診断した結果，改修では**耐震性**を確保できていないことが分かった。

訳例 A checkup revealed that the building's **earthquake resistance** is insufficient.

直し An inspection of the building revealed that the structure's **resistance to earthquakes** is insufficient.

〔解説〕「耐震性」は「地震に対する抵抗力」と考える。

● 「耐震性が確保できていない」を「耐震性が十分でない（不十分）」と解釈したのはうまい。

▶不足

原文 世界的なパソコン需要の増加による**部品不足**

訳例 **parts shortage** due to the increase in global demand for PC

直し **a shortage of parts** due to the increase in demand for PCs worldwide

---

原文 **オフィス・スペースの不足**から，企業の多くは一軒家を借りて事務所として使用している。

訳例 **Office space shortage** has been forcing many firms to rent houses.

直し **A shortage of office space** is forcing many companies to rent houses.

〔解説〕上記の「部品不足」と「オフィス・スペースの不足」はいずれも名詞の結合を切り離し，「不足」を前に出して，of をはさんで「不足しているもの」をその後に置く形をとる。

▶中小企業

> **原文** その銀行は**中小企業**向けに，低価格のエレクトロニック・バンキング（EB）サービスを開発した。
>
> **訳例** The bank started a lower-priced electronic banking service for **midsize and small companies.**
>
> **直し** The bank has developed a lower-priced electronic banking service for **small and midsize companies.**

〔解説〕日本語では「中小」の順番で「中」が先にくるが，英語では順序が逆転する。ちなみに，「経産省・中小企業庁」の正式英文名は Small and Medium Enterprise Agency という。ただし，「大小」の場合は，英語でも large〔big〕and small で「大」が先だ。「中小企業」を単に small(er) businesses〔companies〕ということもある。

● 「開発した」を **訳例** では started とした。実際に新しいサービスを始めたのかもしれないが，**原文** に忠実に訳せば developed。**原文** では「サービスを開発した」となっているが，英文では「（サービスを提供できる）システムを開発した」と訳した方がいいような気がする。... has developed a system to offer a lower-priced electronic banking service とするわけだ。

> **原文** 中小印刷会社
>
> **訳例** middle and small-scale printing companies
>
> **直し** small and midsize printing companies

〔解説〕この事例も「中小」の順序が逆転した。

4 分離しない方がよいケース

結び付きの強い名詞の組み合わせは分離，分割しない。

> **原文** トヨタ自動車は**生産ライン**勤務者の夏休みを1日延ばして11日間とした。
>
> **訳例** At Toyota Motor Corp., **workers at production lines** will have one extra day in their summer holidays.

> **直し** At Toyota Motor Corp., **assembly line workers** will enjoy 11 days of summer vacation, a day longer than initially offered.

〔解説〕「自動車の組み立て［生産］ライン」は assembly［production］line。セットでひとつの形容詞と考えることができるので assembly line workers とつなげて表記する。

> **原文** 各社とも1トン当たり280〜500円の**セメント価格**の値上げを見込んでいた。

> **訳例** The companies planned to increase **prices of cement** by ¥280-500 per ton.

> **直し** The companies planned to raise **cement prices** by ¥280-500 per ton.

〔解説〕prices of cement ではなく cement prices でよい。「航空運賃」airfares,「電気料金」power rates,「授業料」tuition fees なども類似のケース。

> **原文** （A社はオープン価格制度を導入する。希望小売り価格と実売価格との大幅なかい離を是正し,）**消費者の価格に対する信頼感**を取り戻すのがねらいだ。

> **訳例** The move seeks to regain **confidence from consumers** by alleviating large gaps between suggested and actual retail prices.

> **直し** Company A seeks to regain **consumer confidence** by addressing substantial gaps between suggested and actual retail prices.

〔解説〕 **原文** の「価格に対する信頼感」の「価格に対する」は翻訳不要。希望小売価格と実売価格とがかけ離れていることがここでは話題になっており,その文脈で「消費者の信頼感」といえば「価格に対する」信頼感だということは説明の必要がないからだ。

● consumer を使ったことばとしては,consumer support（消費者支援）, consumer rice price（消費者米価）, consumer price index（消費者物価指数）, consumer loan（消費者ローン）なども切り離し不要。

▶「シェア」

> **原文**▷ A 社は約 **10％のシェア**を持っている。
> **訳例**▷ Company A holds **about 10% of the market share.**
> **直し**▷ Company A has **a market share of about 10 percent.**

〔解説〕10％ちょうどであれば a 10 percent share of the market ／ a 10 percent market share。

> **原文**▷ 中国は世界の炭酸バリウム生産の **5 割強**を握っている。
> **訳例**▷ China now occupies **a slightly more than 50%** of the world carbonic barium market.
> **直し**▷ China controls **a share of slightly more than 50 percent** of the world barium carbonate market.

〔解説〕 **原文**▷ に「シェア」ということばは出てこないが, 使った方が翻訳しやすい。「5 割強」は slightly more than 50％で,「シェア」と連結させて a share of slightly more than 50 percent。

> **原文**▷ B 社は市場の**シェア 50％**をめざす。
> **訳例**▷ Company B hopes to capture **the share of 50%** for the market.
> **直し**▷ Company B hopes to capture〔control, command〕**a 50 percent share** of the market.

❖ シェア

¶ 日本の管理職のうち女性の**シェア**はわずか 10％だ。
Women in Japan **hold** only 10 percent of managerial posts [positions].

¶ 同社は日本市場で**シェア**を (他社に) 奪われている。
The company is losing **ground** in Japan [in the Japanese market]./ ...is losing **market share** to (competitors).

¶ 日本の総発電量に占める原子力の**シェア**は約 3 割だった。
Japan **got** almost 30 percent of its electricity from nuclear power plants.

5 「…強」, 「…弱」

> **原文**　投資を受けたベンチャー企業数は延べ 1,904 社と 1 年前を **600
> 社強**上回った。
> **訳例**　Investment was made in a total of 1,904 venture firms,
> **600-plus** more than the previous year.
> **直し**　Investment was made in a total of 1,904 start-ups, **an increase of more than 600** from the previous year.

〔解説〕「600 社強上回った」は「600 社以上増えた」と考えて an increase of more than 600。「強」には「600 社を少し超えた程度」の意味合いがあるから an increase of slightly more than 600 の方が良い。
訳例の plus にも「強」の意味があるが, the 50,000-plus spectators in the stadium（5 万人を超す観客）のような形で使うのがふつう。「ベンチャー企業」は a start-up（company）。

> **原文**　（A 社の）経常利益は 38 億円と **20％強**減ったようだ。
> **訳例**　Company A is said to have suffered **above 20%** pretax
> profit decrease to ￥3.8 billion.
> **直し**　Company A expects **a decline of than 20 percent** in pretax profit to ￥3.8 billion.

> **原文**　低価格ワインも売り上げが伸びていることから, **5 割強**の経常
> 利益が見込めそうだ。
> **訳例**　The company projects **just over 50％** gain in pretax profits on growing sales of low-priced wine.
> **直し**　The company projects a gain of **over 50 percent** in pretax profit on growing sales of low-priced wine(s)。

● 「売り上げが伸びていることから」の「ことから」の英語としては because とか due to も使えるが, この場合は on が最も簡単。
● 「低価格ワイン」は cheap wine と訳さない方がよい。cheap とすると「安っぽい」,「粗悪品」というマイナスの印象を与える恐れがある。
　　次の例を参考に。

> **参考** ＞3月末に**安価な**外国製ガソリンの輸入自由化を控え…。
>
> **訳例** ＞ Ahead of the planned liberalization of **cheap** gasoline imports at the end of March, . . .
>
> **直し** ＞ Ahead of the planned liberalization of **lower-priced** gasoline imports at the end of March, . . .

> **参考** ＞ **安い製作費**の映画
>
> **訳** ＞ **low-budget** films
>
> **参考** ＞ **低価格**ワイン
>
> **訳** ＞ **inexpensive** wines / **less expensive** wine labels

---

❖ **低価格**

¶ **低価格**戦略に打って出る

launch a **low-price** strategy

¶ **低価格**の輸入製品

cut-price imports

¶ ユニクロに代表される**低価格**ブランド

discount brands like Uniqlo

¶ 東京では**低価格**のビジネスホテルが相次いで開業している。

Budget business hotels are popping up in Tokyo.

> **原文** ＞（アジア企業の売上高伸び率をみると）**30％以上の増収**会社も100社のなかで4分の1を占めた。
>
> **訳例** ＞ A quarter of the 100 companies even reported **over 30％ sales growth**.
>
> **直し** ＞ A quarter of the 100 companies reported **sales growth of more than 30 percent**.

〔解説〕「増収」を先に出して，「伸び率」をそれに続ける。「伸び率」を先行させて書けば，an increase of more than 30 percent *in* sales となる。

> **原文** 2ケタ減の売上高
> **訳例** an **over 10 % fall** in sales
> **直し** a **decline of 10 percent or more** in sales

〔解説〕over の使用法をここでも間違えた。

● 「2ケタ減」の翻訳で「ケタ」にこだわれば digit, 具体的な数字で表現すれば「10 % 以上」。「2ケタ」は two-digit ではなく, double-digit が正しい。「1ケタ」は single-digit。

> **原文** 主要製造業は**2割近い経常増益**を見込んでいる。
> **訳例** Major manufacturers are anticipating **close to 20 % increase** in earnings.
> **直し** Major manufacturers expect **an increase of about 20 percent** in pretax profit.

〔解説〕 **訳例** では「…の近く」の意味で close to を使ったのだろうが, 名詞の前に置いて「約」の意味を持たせることはできない。Our school is close to the railway station.（学校は駅に近い）は OK。a close view of the school（近くから学校をながめる）という形でも使える。

> **原文** 4社はそろって**2ケタの増収**になりそうだ。
> **訳例** The four companies are expected to mark **double-digit growth in sales**.
> **直し** All the four companies expect to post sales growth of **more than 10 percent**.

〔解説〕「2ケタの伸び」を前に出したければ, an increase of **more than 10 percent** in sales になるが, sales growth of more than 10 percent の方がすっきりしている。

放浪するニワトリ

ニューヨークで暮らしていたころ，マンハッタンの自宅アパートの近くに有機野菜，食材専門店があり，そこで Eggs from Free-Walking Hens というたまごを売っていた。普通のたまごと比べると，かなり割高だった。Free-Walking Hens の意味がすぐには分かりかねたが，商品の容器を見て納得した。そこにはニワトリが農場を自由に動き回るイラストが描かれていたのである。

つまり，これは「放し飼い，平飼い」のめんどりが産んだたまごなのだ。広い農場でのんびりと動き回り，ストレスも少ない環境で育てられている。でも，一般のニワトリと比べて管理に手間がかかるし，大量生産には向かない。だから，価格はちょっと高い。

「放し飼い」を free-walking（自由に歩いている）と表現しているところがおもしろい，と思った。その後しばらくしてその店へ行ったら，今度は Eggs from Free-Running Hens と Eggs from Free-Roaming Hens なるたまごを見つけた。walking に加え，running（走る）と roaming（徘徊する，放浪する）ニワトリのたまごが，新たな養鶏場から参入してきたのである。

いずれも「放し飼い」を意味するところは共通だが，ニワトリがアメリカの広大な農場を「歩き」，「走り」，「放浪」している。そんな情景が目に浮かんで楽しくなった。日本語の「放し飼い」からはそんなイメージは湧いてこない。こんなことにでも米国人は action を意識した表現にこだわっている。そこに感心した。running といえば「水道の水」も running water というではないか。walking dictionary が「生き字引」だということは中学生のときに習ったはずだ。

ところで，「放し飼い」の意味でよく使われるのは cage-free（「ケージがない，鳥かごがない」状態）という表現だ。free-walking の free は「自由に」，cage-free の free は「…がない」だから，同じ「放し飼いのニワトリ」なのに free は全く異なった意味で使われている。

第 3 章

日本語の影

　日本語で鉄道の「駅」は和英辞典を引くまでもなく（railway）station
だし，「学校」は school で，あとは必要に応じて elementary school だ
とか（senior）high school のように活用すればよい。こうしたケースで
は日本語と英語の対応は強固で，「駅＝railway station」と記憶すればそ
れで済む。

　ところが，同じ名詞でも「競争力」では，そうした対応関係はさほど強く
ない。もちろん英語にも「競争力」の訳語にあたる competitiveness と
いうことばはあるし，使われもするのだが，むしろ形容詞の competitive
として登場することの方が多い。単語帳をつくるとすれば，「競争力＝
competitiveness。ただし，This product is price competitive.（価格
競争力がある）のように形容詞として使われることも多い」と添え書きし
ておく必要がある。

　名詞でもこのありさまだから動詞や形容詞，ましてやその組み合わせに
なると，かなり混乱してくる。と言うか，そうした強固な対応関係は期待
できない。

　対応するものだと思い込むから，日本語に当てはまる英語を探そうとす
る。探そうとするから，原文に引きずられ，その結果，日本語の影を色濃
く残した英訳になってしまう。「英語としてなんか変だ」で済めばいいが，
日本語の原文と照らし合わせてみないと何のことやら見当がつかない，な
どという代物もでき上がる。

　このような事態を避けるためには，なによりもまず，日本語原文のこと
ばや言い回しの意味を字面にとらわれることなく正確に理解することが大
事だ。正しく理解したうえで，原文との間に一定の距離を置く。これが重
要なポイントで，「原文からの自由」と言い換えてもいいし，「原文は翻訳
の素材に過ぎない」と考えてもいいかもしれない。こうすることで日本語
の影を薄め，原文に引きずられる危険も回避できる。これは自然で分かり
やすい英訳を生み出すために欠かせないプロセスである。

① 価格競争力

> 原文 （トヨタ自動車がオーストラリアの新車販売で5年ぶりに首位から脱落する。）円高・豪ドル安に伴う相次ぐ値上げで米系各社に対する**価格競争力を失った**。
>
> 訳例 Toyota Motor attributed this to its cars' **lost price competitiveness** against the U.S. companies.
>
> 直し Toyota Motor blamed **reduced competitiveness** as a result of the yen's appreciation against the Australian dollar.

〔解説〕「価格競争力を失った」を直訳調で **lost price competitiveness** としたのはまずかった。「競争力」は,「弱く」なったり「落ちる」ことはあっても,「なくなる」ものではない。 直し ではこの部分を「競争力が reduced（減少した，落ち込んだ）」と表現した。weakened competitiveness とか a decline in competitiveness でもいいだろう。

● 「円高」はこの場合「豪ドル安」と同義で, as a result of the weakening of the Australian dollar against the yen とも言える。「円に**対して**ドルが安くなった」と言うときの「対して」には against を使う。「価格競争力」をもう一つ。

> 原文 （…は140店舗を全面的に改装，増床する。）他のスーパーに比べ，出店から長い期間が経ち，**競争力を失った**古い店舗が多いため。
>
> 訳例 ... made the decision because many of its stores are old and have **lost their competitiveness**.
>
> 直し ... says many of its stores are old and **have become less competitive**.

● competitive は「競争力がある」こと。「少なくなった」を意味する less を付けて less competitive とすれば「競争力が落ちた」となり, become less competitive で「競争力を失った」を表現できる。

〔解説〕この例でも分かるように,「競争力」の英訳としては competitiveness という名詞形よりも形容詞の competitive を使う方が多い。以下の3例を参照。日本語原文の品詞と英訳の品詞が一致しないことはよくある。

> **原文** 国内で生産している製品の国際競争力について聞いたところ, 79.2％の企業が「価格面で競争力がない」と回答した。

> **訳例** (Of the 1,309 firms which responded,) 79.2 % said their domestically produced goods **have no price competitiveness**.

> **直し** (Of the 1,309 firms which responded,) 79.2 percent said their domestically produced goods are **not price competitive**.

> **原文** 中国での現地生産などによって引き続き**価格競争力**を維持できると A 社は判断している。

> **訳例** Production in China is aimed at securing the company's products **price competitiveness**.

> **直し** The company hopes production in China will keep its products **competitive**.

〔解説〕 **訳例** の **price** competitiveness の price は省略可。製造コストの低い中国での現地生産によって製品の競争力を維持する, という文脈のなかでcompetitiveを使っており, priceがなくても,「価格競争力」の意味だということは推測できるからだ。

> **原文** 両社は, 中国進出でプリンターの**価格競争力**を一段と高める。

> **訳例** By making the printers in China, the two companies will boost the products' **price competitiveness**.

> **直し** The two companies will offer printers **priced more competitively** by manufacturing in China.

● この事例では competitiveness を competitively と副詞に変化させ, 同じく名詞の「価格」を「値段を付ける」と動詞に変えて「価格競争力」を表現した。price を動詞として使用した例文は以下の 2 例を参照。

> **参考** The book is **priced at** ＄10.

> **訳** その本の**価格**は 10 ドルだ。

> **原文** 欧州車の日本での**価格は**欧米に比べ**割高だ**。

> **訳例** **The prices** of European cars in Japan **are higher** than those of them in Europe and the U.S.

> 直し〉 European cars are **priced higher** in Japan than they are in Europe or the U.S.

> 原文〉 東南アジア系の航空会社**との価格競争**で…
> 訳例〉 due to **competition with** Southeast Asian airline firms
> 直し〉 as a result of strong **competition from** Southeast Asian airlines

● 「航空会社」は airline firms や airline companies でも間違いではないが，airline を複数形にすれば1語で済む。この場合，1社でも airlines と複数形にする。たとえば，「日本航空システム」の英文社名は Japan **Airlines** System Corp.，「全日本空輸」は All Nippon **Airways** Co. である。

〔解説〕「東南アジア系航空会社**との**競争」を competition **with** と訳し，コピーエディターが competition **from** に書き直した。「東南アジア系航空会社**から**（突きつけられた）競争」という発想だ。

　　competition from をもう1例。

> 参考〉 IBM 互換機**との激しい価格競争**
> 訳例〉 **cut-throat price competition with** IBM compatible machines
> 直し〉 **tough price competition from** IBM-compatible machines

● competition with で OK になっている例もある。

> 参考〉 外資系保険会社**と競合しない**傷害保険の分野
> 訳〉 a certain area of the accident insurance market, which is free from **competition with** foreign insurers

　「競争」を動詞の compete として使うと状況が変わってくる。

> 原文〉 日本や韓国の製品**と競争する**
> 訳例〉 **compete with** products from Japan and South Korea
> 直し〉 **compete against** imports from Japan and South Korea

〔解説〕「日本や韓国の製品」は products from Japan and South Korea

で間違いないが，ここでは「輸入製品」を指しているので imports の
方がぴったりする。

> ❖ **価格競争力**
> ¶ A 社の B 社に対する**価格競争力の優位性**
> Company A's **pricing advantage** over B
> ¶ 同社は**価格競争力**の向上に努め，それを実現した。
> The company has succeeded in improving its **pricing power**.
> ¶ 値下げで（**価格競争で**）ライバル企業を弱体化する
> slash prices to undercut competitors

▶ 「経営破たん先債権」

> **原文** （大手地銀は）**経営破たん先債権**を公表した。
> **訳例** (The major regional banks) disclosed loans to **default borrowers**.
> **直し** (They) disclosed loans to **borrowers who have gone bankrupt**.

> **原文** 不良債権の内訳は，**破たん先債権**が 290 億円。
> **訳例** Of the loans, ¥29 billion are extended to **bankrupt debtors**.
> **直し** Of the loans, ¥29 billion are extended to **debtors that went bankrupt**.

● 最初の **訳例** の **default** は義務，業務，債務などを履行しないこと。相撲
  で win by default と言えば「対戦相手が出場しなかったことによる勝利」，つ
  まり「不戦勝」。

〔解説〕翻訳者は「破たん先債権」を日本語に則して **loans extended to
  bankrupt debtors** と考えた。一見，問題ないようだが，よく考えてみ
  るとちょっとおかしい。なぜかと言うと，**訳例** の英語では「経営が
  すでに破たんした企業に対して実行した融資」とも解釈できるからだ。
  倒産した企業に金を貸す銀行なんてあるのか，というわけである。

そうではなくて，ここでは「資金を貸し付けたが，その後，経営が破たん（倒産）して，回収の当てがなくなった債権」を意味している。だとすれば，回りくどいけども，〈 直し 〉のように表現する方が正確だ。英語はこういう点で日本語と比べると論理的なところがある。

　ただし，「破たん先債権」の意味をすでに説明してある場合や，誤解の恐れのないときには，loans to bankrupt firms という言い方も acceptable だ。次の例を参照。

> 〈 参考 〉**破たん先債権**，金利延滞債権，金利減免債権の合計は 5,467 億円だった。
> 〈 訳例 〉**Loans to bankrupt firms**, loans with delayed interest payments and restructured loans totaled ¥546.7 billion.

● 「不良債権」は nonperforming loans / bad loans など。財務省は不良債権を以下のように定義している。

> The Ministry of Finance defines bad loans as <u>credit extended to borrowers that later failed</u>, credit for which interest payment has not been made for at least six months and unpublished amounts of credit for which interest has been reduced or waived.

　下線部分が「破たん先債権」にあたる。融資を受けたあとで経営が破たんした債務者，ということが明記されている。貸付に対する利子を下げたり（reduced），利息の支払いを免除した（waived）債権は「金利減免債権」で，restructured loans（新たに組み直した融資＝貸出条件緩和債権）ともいう。

② 「する」と「できる」

> 〈 原文 〉トヨタ自動車は，自動車のシュレッダーダスト（廃材）から車両用の防音材を**再生する技術**を開発した，と発表した。
> 〈 訳例 〉Toyota Motor Corp. has developed **a new technology to produce** soundproof materials for autos from shredder dusts.

> **直し** Toyota Motor Corp. said it has developed **a technology that can produce** soundproofing materials from shredded remains of autos.

〔解説〕「防音材を**再生する技術**」を **直し** では「防音材の**再生を（可能にする）技術**」と解釈した。

　また，**訳例** で Toyota Motor Corp. has developed a **new** technology（新しい技術を開発した）とあるが，**直し** の文章からは new が落ちている。なぜかと言えば，開発する技術はすべて「新しい」ものに決まっており，わざわざ new を付ける必要はないからだ。「馬から落ちて落馬した」のたぐいで，こうした redundancy の事例については 140 ページを参照。もちろん develop a new technology でも間違いではない。

> **原文** プリンター「KL-2010」は A4 判のカラーで毎分 2 枚を**出力する**。
> **訳例** The KL-2010 **outputs** two A4-size color documents per minute.
> **直し** The KL-2010 printer **can produce** two A4-size color documents a minute.

〔解説〕「毎分 2 枚を**出力する**」を「（最大）毎分 2 枚**出力する**（**性能を持っている**）」と理解した。

● 「A4 判 2 枚」を two A4-size color documents と，documents を補足して訳したのはうまい。次の例では document と copy を組み合わせて使っている。

> **原文** 普及型の複写機は A4 判を毎分 13 枚**複写する**。
> **訳例** The low-end copier **makes** 13 copies of an A4-size document per minute.
> **直し** The low-end machine **is capable of** making 13 copies of an A4-size document per minute.

● 「複写する」を「複写できる」と考えた。
● 「普及型」は low-end model，「高級型」は high-end model (machine)。自動車の「高級車」は luxury car という。

> **原文** （この映像伝達システムは）システム規模に応じて拡張でき，**数千世帯分のシステム**価格は１億円以下と試算している。
> **訳例** A system which serves several thousand households will likely cost under ¥100 million.
> **直し** A system **capable of** serving several thousand households will likely cost **no more than** ¥100 million.

〔解説〕「数千世帯分のシステム」を「数千世帯に映像を**送る**システム」と表現したのはうまい。これを **直し** では「**送れる**」とした。

● 「１億円以下」を under ¥100 million と翻訳し，no more than ¥100 million に直された。 **原文** が言いたいのは「数千世帯分のシステムなのに**１億円も しませんよ**」ということなのだろう。だとすれば cost under ¥100 million よりも cost no more than ¥100 million にした方が意図がよく伝わる。

> **原文** デジタル・シグナルを特定の契約者に**限定する**技術
> **訳例** a technology which **limits** receivers of the digital signal to those on contracts
> **直し** a technology that **can block out** digital signals to non-subscribers

〔解説〕「限定する」を「限定できる」技術と書き直した。

● 「限定する」を **訳例** が limit と訳したのに対して， **直し** では block out （阻止する，締め出す）を使った。... block out digital signals to non-subscribers は「未契約者に対してシグナルを阻止できる（送らせない）」技術ということで，「契約者に限定する（限定できる）」技術と同じ意味になる。

> **原文** （日米両国政府が人工衛星を活用した次世代の航空管制システムで協力を進める。）衛星管制は，レーダーの届かない洋上で航空機の位置を測定，管制情報を**やり取りする**仕組み。
> **訳例** The new system **measures** the position of airplanes over the ocean which a radar fails to follow.
> **直し** The new system **can pinpoint** airplane positions over the ocean which are undetected by radars.

〔解説〕このケースも「する」ではなく「できる」の方が適切。レーダー

では「できない」ことが，衛星を利用すれば「可能になる」わけだ。

● ┃直し┃の pinpoint は「ピンの先端」で，つまり正確に位置を示すこと。pinpoint the cause of the accident は「事故原因を正確に究明する」。

┃原文┃「同じグループの企業が相手でも，自分の会社の一部を**売却はできない**。」

┃訳例┃ "We **cannot sell** a part of our company even to another member of our group."

┃直し┃ "We **would be unwilling to sell** a part of our company, even if the buyer is a member of our business group."

〔解説〕┃訳例┃では┃原文┃の「できない」を「不可能」と解釈した。┃直し┃は「売ろうと思えばできるが，そのつもりはない（意図はない）」ととった。英語表現の問題というより，日本語解釈に関わる問題だが，┃直し┃が正しいと思う。

┃原文┃（昨年の中国の化学肥料の生産量は 2,450 万トン。）今年は 2,500 万トンを目標としているが，**需要に供給が追いつかない**。

┃訳例┃ China is targeting at 25 million tons this year. But still, **supply has not been catching up with demand.**

┃直し┃ China is targeting 25 million tons this year, **but will be unable to meet demand.**

〔解説〕「需要に供給が**追いつかない**」を┃直し┃では「需要を満たすこと**はできそうにない**」と訳した。

❖ 需要

¶ 需要と供給のバランス

  the balance of supply and **demand**

  * the balance *between* ... ではなく the balance *of* ... が一般的。

¶ 供給が**需要**に追いついていない。

  The supply has yet to catch [keep] up with the **demand.**

¶ 需要を掘り起こす

  tap into [stimulate, generate, develop, cultivate] **demand**

¶介護スタッフに対する**需要**
　the **need** for nursing care staffers
¶日本のエネルギー**需要**を満たす
　meet Japan's energy **needs**
¶…への**需要**は旺盛だ。
　There is an enormous **appetite** for … / … is [are] in high **demand**.
¶供給が**需要**を上回っている。
　The supply exceeds the **demand**.

③　「する」と「している」

> **原文**▷同社は年間約1兆2,000億円程度の自動車部品を**購入してい**
る。
> **訳例**▷ The company **is purchasing** around ¥1.2 trillion worth of auto parts every year.
> **直し**▷ The company **purchases** around ¥1.2 trillion worth of auto parts a year.

〔解説〕「購入している」の「している」は動作の進行状況を表現している
わけではないから is purchasing は不適当。「家では日経を**購読してい**
る」（We subscribe to **Nikkei** at home.），「わたしは埼玉県に**住んで**
いる」（I live in Saitama Prefecture.）の「いる」と同様，進行形で
はなく現在形で表現する。「犬が**しっぽを振っている**」（The dog is
wagging its tail.），「父は**新聞を読んでいる**」（My father is reading
the newspaper.）の場合はもちろん現在進行形。

　「購入する」は動詞の現在形だが，「部品を購入する」はこれからのこ
とであり，will purchase … とか plans to buy … などとする。「購入
している」は一見進行形のようだが，英語では purchase [buy] … と
現在形で表現する。

▶**時制のズレ**

　動詞によって，このような一種の**時制のズレ**が発生するのはよく分かっているのだが，日本語につられてついミスを犯してしまう。

原文	A社は年間20万台規模でテレビを**生産している**（作っている）。
訳例	Company A is **now turning out** 200,000 TV sets a year.
直し	Company A currently **makes** 200,000 TV sets a year.

〔解説〕同じ「作っている」でも「母はいま料理を**作っている**」は現在進
　　　行形。
　　　「20万台規模」の「規模」はあまり気にしなくてもよい。あえて訳せ
　　　ば「約」にあたる about とか some を使う。

原文	機械・金属分野は自動車や電機産業のすそ野を**支えている**。
訳例	The machinery and metal sectors **are underpinning** automotive and electric machinery industries.
直し	The machinery and metal sectors **underpin** the automotive and electric machinery industries.

〔解説〕「支えている」のは「今，この時点」に限ったことではなく，そう
　　　いう状態は日本の産業構造の特徴であるわけだから，現在形で表現すべ
　　　きところ。
● underpin は「建物などを下から支える」の意味。

原文	（景気後退で減産を強いられている）自動車メーカーは夏休みの延長を**検討している**。
訳例	Carmakers are **planning** long holidays.
直し	Automakers **plan** relatively long summer holidays.

〔解説〕まだ駆け出し英文記者のころ，親しくしていた米国人エディター
　　　から，動詞の plan には「…している」の意味が含まれているから
　　　planning としないように，と教えられた。「自動車メーカー…」の例文を
　　　直したエディターも同意見だったとみえて planning の ing を削除した。
　　　しかし実際には，…is planning ／…are planning もひんぱんに登場
　　　しており，用法についてエディターの間でコンセンサスはないようだ。

● 「夏休みの延長」の英訳として long holidays はちょっともの足りない。ここでは，クルマの売れ行きがかんばしくないために夏休みを「例年より長く」しようとしている。そのニュアンスを出したい。そこで，ただの long holidays ではなく **relatively** long holidays とした。relatively から「例年より長い」が読み取れる。a relatively hot summer といえば「平年より暑い夏」，「猛暑」。relatively long の代わりに **longer** holidays でもよい。

> **原文** 同銀行は経常赤字に転落すると**みている**。
>
> **訳例** The bank **is expecting** a pretax loss.
>
> **直し** The bank **expects** a pretax loss.

〔解説〕この事例もあえて進行形にする必要はない。

(1) I **expect** him to meet me at 7 p.m.
  午後7時に彼と会う約束だ。

(2) I'm **expecting** him to meet me at 7 p.m.
  午後7時に彼と会う約束で，**いま待っているところだ**。

　expect を現在形と現在進行形とに使い分けると，(1)と(2)のような意味の違いが出てくる。

> **原文** …は先進7カ国の通貨政策に途上国の意見を反映させるよう**主張している**。
>
> **訳例** …**has been insisting** that comments from developing countries should be reflected in currency policies of the G-7 nations.
>
> **直し** …**has insisted** that views of developing countries … （以下略）

〔解説〕「**かねてから主張している**」の意味で has been insisting としたのだろうが，現在完了進行形を使ってまで動作の継続性を強調することはないだろう。「かねてから，以前から」のニュアンスを出したければ，現在完了形にして has insisted でよい。

　日本語の「している」に引きずられて動詞を ing 形にしたケースを見てきた。

　これとは逆に，進行形にすべきところを現在形で翻訳することもある。

> **原文** （火災保険について，財務省はすでに保険金額が 300 億円以上の大口の法人契約の料率を自由化しており，）この最低基準をさらに下げるのが**検討課題**だ。

> **訳例** The Ministry of Finance **now considers** lowering the floor.

> **直し** The Ministry of Finance **is now considering** lowering the minimum policy amount.

〔解説〕「検討課題」は「検討中」と考えて is considering とする。

● **直し** の policy は「保険証書」のこと。policyholder と言えば「保険契約者」。

❖ **検討**

¶提案を**検討**する時間がもう少し欲しい。

　We need more time to **consider** the proposal.

¶…の［…についての］対応を**検討**する

　discuss what to do about ...

¶ビジネスの手法を**検討**する

　look at how we do business

¶すべての選択肢を**検討**中だ。

　All options are **on the table**.

> **原文** 急成長する東南アジアのエネルギー市場に対し，日本企業の**進出ラッシュが起きている**。

> **訳例** Japanese companies **have turned to** the Southeast Asian market, where energy demand has been rising sharply.

> **直し** Japanese companies **are moving into** the Southeast Asian markets amid rapid growth in energy demand in the region.

〔解説〕「今まさに進出の動きが起きている」という感じを出すためには現在進行形にしたい。

> **原文** ダルビッシュ投手や大谷選手の人気で野球用品の売れ行きが**好調**だ。

> 訳例 ▷ Baseball goods **sell** well thanks to popularity of professional players Darvish and Ohtani.
>
> 直し ▷ Baseball goods **are selling** well thanks to the popularity of players like Yu Darvish and Shohei Ohtani.

〔解説〕このケースも進行形を使った方が「よく売れている」という雰囲気がはっきりと伝わる。

● 日本語では「ダルビッシュ」だけで済ますが，英語で初めて言及するときはフルネームで表記するのがルールだ。Yu Darvish of the San Diego Padres, Shohei Ohtani of the Los Angeles Angels と所属球団まで書いておけば申し分ない。

● 「ダルビッシュ投手や大谷選手の人気を」を 訳例 ▷ では popularity of Darvish and Ohtani とした。この場合は **the** popularity of ... で，the が必要。冠詞を正しく使いこなすのは日本人には難しい。the が必要なところで落とした事例をいくつかみよう。

▶the が必要

> 参考 ▷ 同社は大手化粧品メーカー 4 社の 800 品目を 10-15％値下げする。
>
> 訳例 ▷ The company plans to cut **prices** for 800 products of four major cosmetics makers by 10-15％.
>
> 直し ▷ The company plans to cut **the prices** of 800 products of four major cosmetics makers by 10-15 percent.

● 「800 品目の価格」は prices **for** 800 products ではなく，prices **of** 800 products が一般的。

> 参考 ▷ 6 月の貿易黒字は前年同月比 2.1％増の 115 億 7,100 万ドルとなった。
>
> 訳例 ▷ **Trade surplus for June** rose 2.1％ from a year earlier to ＄11.571 billion.
>
> 直し ▷ **The trade** surplus **for June** rose 2.1 percent from a year earlier to ＄11.571 billion.

> **参考** 米連邦航空局は，同社の整備工場の認可更新を承認した。
> **訳例** The U.S. Federal Aviation Administration approved renewal of **license** for the company's aircraft servicing plants.
> **直し** The U.S. Federal Aviation Administration approved renewal of **the license** for the company's maintenance facilities.

〔解説〕上記の3例の **訳例** は太字部分でいずれも the が必要。

4 比較級

> **原文** （両社は，次世代半導体の製造技術を共同開発することで基本合意した。）今回の協力は，1,000億円規模に達する開発費の負担を分担し，**効率的**に開発するのが狙い。
> **訳例** The cooperation is aimed at sharing a huge ¥100 billion development costs as well as **improving development efficiency**.
> **直し** Under the agreement, the two companies plan to share the ¥100 billion cost of development, hoping that this will help them (to) use their resources **more efficiently**.

〔解説〕この例文のポイントは文章の末尾にある「効率的に開発する」の「効率的」をどう訳すかだ。

「効率的」を形容詞と考えればefficient，名詞は efficiency ということはご存じの通りだが，そのまま使ったのでは英語としてしっくりいかない。多少の加工が必要になってくる。

では，どのように加工するか。その解答は **直し** の英文を見ていただければ分かる通りで，「効率的」を比較級に格上げするのである。日本語で言えば「**効率的に開発する**」ではなく「**より効率的に開発する**」となる。

もう少し解説調で言えば，「両社それぞれのやり方で効率的に次世代半導体を開発しているが，協力すれば**一層効率的に**開発できるだろう」と考える。「効率的」ということばの前に「より，一層」が隠れているわけだから，英語に翻訳する時はそれを表に引っ張りださなければなら

ない。そこで more が必要になってくるのである。

　「両社が単独で次世代半導体メモリーの開発を進めるのは**非効率的**」、だから協力して「効率的に推進しよう」、というのが日本語の発想なのに対し、「いまでも効率的だが、それをより効率的に展開しよう」というのが英語の考え方だ。表現方法に位相のズレがあるわけだから、翻訳に際してはそのズレを補正しなければならない。

　たとえば、「すっかりきれいになって」と、4、5年ぶりに会った知り合いの年頃の娘さんに日本語で呼びかけるのはいいとして、それをそのまま英語に訳すのはまずいのである。うまく英語にするコツは比較級を使って、「（以前からきれいだったけど）このところ**ますます美しくなって**」という発想が必要だ。pretty ではなく prettier とか、もっとサービスして even much prettier でなければならない。「きれいになって」だと、「昔はきれいじゃなかった」みたいに聞こえるからだ。

　実のところ、ここで取り上げた事例の「効率的」を「より効率的」と自然に比較級で発想できるとしたら、その人の英語力は相当なレベルだと思う。言い換えれば、かなりのベテラン翻訳者でもつまずくのだ。具体例を見よう。

原文　ソフトの開放は同社の新サービス実用化を**容易に**する。

訳例　Opening of the software will make it **easy** for the company to offer a variety of services.

直し　Access to the software will make it **easier** for the company to offer a variety of services.

〔解説〕「容易」を「より容易」に。

　「ソフトの開放」を **訳例** では直訳調で opening of the software と表現した。これを **直し** では access to the software に変えた。「（自動車）市場の開放」のようなケースでは opening of the（auto）market と言えるが、「ソフトの開放」の場合、opening はなじまない。「ソフトを使用できるように開放すること」だから、access to the software がよい。

> 原文 ＞ A 社は英国にあるグループの現地法人 2 社を合併し，欧州全域で業務の**効率化**を目指す。

> 訳例 ＞ Company A will consolidate its two U.K. units to run the firm's European operations **efficiently** by managing the business in the region as a single activity.

> 直し ＞ Company A will consolidate its two U.K. units to form one company to run the firm's European operations **more efficiently**.

〔解説〕「効率化」を「より効率化」に。

　「2 社を合併し…」とくれば to merge／merger を使いたいところだが， 訳例 ＞でも 直し ＞でも consolidate を活用した。「合併」のほかに，「強固にする」，「まとめる」といった意味がある。

> 原文 ＞新しいメモリーカードはデジタル情報機器の**小型高性能化**を促しそうだ。

> 訳例 ＞ The new memory card is expected to have a variety of applications with digital information equipments, making these devices **compact and high performing**.

> 直し ＞ The new memory card is expected to make digital information devices **more compact with a higher performance**.

〔解説〕「小型高性能化」は「もっと小さく，しかしより高性能に」と英語では発想する。

● 訳例 ＞では「情報機器」の「機器」の意味で equipment をあてたが，これは「設備」とか「装置」とかを指し，「機器」としては 直し ＞にあるように devices が適当。また equipment は集合名詞だから複数の s を付けない。

　「効率化」，「高性能化」ときたから今度は「透明化」の例を取り上げる。

> 原文 ＞日銀政策決定の**透明化**を促す

> 訳例 ＞ **promote transparency** of the Bank of Japan's decision-making process

> 直し ＞ **call for greater transparency** in the Bank of Japan's policy-making process

［解説］「透明化を促す」を promote transparency（透明化を促進する）と訳した。これだと，日銀が主体的に透明性を高める，ような印象を与えるが，実態としては，政策決定の透明化に消極的な日銀に対し「透明化を高めるよう求める」と解釈すべきだろう。

原文	**競争激化**で販売促進費も増え，（同社の）営業利益は 23 ％減の 77 億円となった。
訳例	(The company's) operating profit was down 23 ％ to ￥7.7 billion on higher sales promotion cost amid **harsh competition**.
直し	The operating profit fell 23 percent to ￥7.7 billion as **tougher competition** boosted sales promotion costs.

〔解説〕「競争激化」は競争が「より激しくなる」ことである。intensified competition も使える。

原文	同市場は自動車に**比べる**とずっと**小さい**。
訳例	The market is considerably **small** compared with the auto market.
直し	The market is considerably **smaller** than the auto market.

〔解説〕「自動車に**比べると**」とあるからまぎれもない比較級。
● 「比べると」につられて compared with としがちだが，than だけで OK。

5 具体的事実で

原文	電動アシスト自転車の市場拡大に合わせ，両社の製品開発・販売競争が**し烈**になってきた。
訳例	The two companies have begun to compete **more fiercely** in an expanding market.
直し	The two companies are working hard to develop new models of electric bikes and step up marketing in the **increasingly competitive market**.

〔解説〕ここでひっかかるのは「製品開発・販売がし烈になってきた」の
くだりである。和英辞典で「し烈」を引くと，形容詞として確かに
fierce とあるし，「し烈な戦い」の英訳として a fierce battle のような
例文が載っている。翻訳者としては何とかして「し烈になってきた」を
英語にも反映させたいと考えて，compete more fiercely を思いつい
たのだろうが，英語ではこうした主観的な描写はあまり好まれない。

英語の表現でより重要なのは「具体的な事実（specific facts）」で，
事実をして語らしめる手法が好まれる。 原文 を読み進むと，両社は
自転車メーカーとの間で販売提携を結んだり，相次いで新型車の投入を
計画していることが分かる。この記事を書いた記者は，その部分をすく
いとって「製品開発・販売競争がし烈になってきた」と表現したわけ
だ。別の記者なら「製品開発・販売競争でしのぎを削っている」と書い
たかもしれない。しかし，英訳にあたってはこうした描写をあまり気に
する必要はない。 直し を見れば分かるように，両社は new models
（新型車の投入）や step up marketing（販売の強化）を計画しており，
こうした事実から両社の電動自転車市場にかける意気込みがうかがえ
る。

❖ 対立

¶ 環境保護と経済成長との**対立**

a **conflict** between environment protection and economic
growth

¶ 両社の利害が**対立**している。

The two companies are **fighting** to protect their interests.

¶ 両社の**対立**は…にエスカレートした。

The **rivalry** between the two companies flared into ...

¶ …をめぐる A と B の**対立**

the **battle** between A and B over ...

¶ 彼らの…に関する見解は**対立**している。

They are **far apart** on ...

> **原文** A 社は生産の効率化や**間接部門の人員削減**を図る。
>
> **訳例** Company A will aim at more effective operations and reductions in **indirect** sector.
>
> **直し** Company A plans to improve the efficiency of production and reduce its **administrative** work force.

〔解説〕「間接」は indirect,「部門」は sector だから「間接部門」は indirect sector でよしとするのは翻訳者としていささか知恵に欠けている。indirect sector と言われても大半のひとにとってはチンプンカンプンだからである。製造、営業職場を直接部門と言うのに対比して事務、管理業務などを間接部門と呼んでいることを具体的に翻訳に盛り込まなければならない。

> **原文**（液晶の価格下落が続くなど）**液晶を取り巻く環境は依然として厳しく**、急速な業績回復は望めそうもない。
>
> **訳例** The relatively poor performance is attributed to the **unfavorable circumstances about LCDs**.
>
> **直し** The relatively weak forecast is attributed to **a drop in LCD prices with no signs of an upturn**.

〔解説〕「厳しい環境」、これもおなじみの表現。「自動車メーカーの置かれた環境は厳しい」と言えば、「国内でクルマの売行きがかんばしくないところへ持ってきて、円高で輸出が振るわない」ことを意味するだろうし、「雇用環境が厳しい」のはリストラによる雇用機会の減少が理由のひとつだろう。この事例で、液晶の環境が厳しいと言っているのは、具体的には LCD の価格が下落し、しかも値上がりが見込めないことを指している。そこで **直し** のような言い方になる。こうした具体的事実を通して「環境は依然として厳しいこと」を伝えるよう努める。

> **原文** 2 年連続の**赤字経営からの脱却を目指している** A 社は 2020 年度からの 3 年間で人員をさらに 3,000 人削減する。
>
> **訳例** Company A, **struggling to get out of its deficit-ridden managment**, has decided to slash a further 3,000 personnel in the three years beginning in fiscal 2020.

> **直し** Company A, a money loser in fiscal years 2018 and 2019, will cut its payroll by an additional 3,000 workers in the three years beginning in fiscal 2020.

● payroll は「給料支払い名簿」のことで，転じて「従業員」の数を意味する。前者の意味で，He was put on the payroll. と言えば「彼は職にありつけた」。He is off the payroll. は「失業中」。

〔解説〕「2 年続きの赤字経営で（a money loser in fiscal years 2018 and 2019)」，新たに「3,000 人の人員を削減する」とくれば，事業の縮小と人件費の削減によって経営立て直しを図ろうとしていることは容易に推察できるから，「（赤字経営からの）脱却を目指している」の部分を文字通り訳出する必要はないだろう。

　実際のところ，日本語の細かい字句に拘泥するとかえっておかしなことになってしまうことが少なくない。以下はそうした例文である。

▶「足かせ」が足かせに

> **原文** 非製造業では不良資産処理が**足かせ**となっている建設，不動産の減益が続く。
> **訳例** Construction and real estate firms will suffer profit falls **haunted** by bad loans.
> **直し** Non-manufacturers, including construction and real estate firms, are likely to suffer profit falls **because of** the disposal of nonperforming assets.

〔解説〕翻訳者は「足かせとなっている」をどう英語にしたものか大いに迷ったに違いない。

　「足かせ」を和英辞典から写しとれば fetter で，to be in fetters は「拘束，束縛されている」ということになり，原意に沿わない。そこで haunt を使った。「この家にはお化けが出る」などという時の「出る」を意味することばで，「付きまとう」，「悩ます」，「取りつく」といった意味もある。

　しかし，こうした意味では trouble / plague / inflict / saddle with といった動詞を受動態で使うのが一般的だ。

さて，エディターは haunt をどう処理したか。そのまま通したか，それとも別のことばに差し替えたか。「差し替えた」が正解だが，haunt に代わって登場したのは because of だった。「足かせ」をどう訳すかで散々苦しんだ挙げ句の果てに「because of でも OK」なんて言われると，いささか拍子抜けする。

しかし，よく考えてみれば，この例文全体を「建設，不動産業界は不良資産を抱えており，（**そのために**）減益が続く」と言い換えても意味は同じで，「そのために」は because of そのものである。

「足かせ」をどう訳すかで悩んでいたのがアホらしくなってくる。文字通り「足かせ」が足かせになってしまった。同じ「足かせ」でも次の事例は内容をくみ取ってうまく訳した。

> **参考** ▷ 審議会は価格支持制度や輸入数量制限などが内外価格差是正の**足かせ**になっているとみている。
> **訳例** ▷ The panel regards price-support mechanisms and import restrictions as **impediments** to correcting discrepancies in domestic and overseas prices.

● impediment は「障害物，じゃま，妨げになるもの」。動詞は impede。
● 「内外価格差」は discrepancies in domestic and overseas prices で，文字通り「日本と外国との価格の相違」。
　 because of や due to は以下の文脈でも使える。

> **原文** ▷ ステンレス鋼板の国際価格の急落を**背景**に，中国側は値下げを要求していた。
> **訳例** ▷ China strongly requested for price cuts **against the backdrop of** the sharp fall in stainless steel prices on the international market.
> **直し** ▷ China had called for price cuts **due to** a sharp fall in stainless steel prices on the international market.

〔解説〕「…を背景に」の英訳の決まり手として和英辞典に必ず出てくるのが **訳例** ▷ で使われた ...against the backdrop [background] だ。しかし，この部分も「…国際価格の急落を**理由**に中国側は値下げを要求

した」と解釈できるから due to も使用可で，その方が英文としてすっきりする。

❖ 足かせ

¶ …が経済成長の**足かせ**になっている。

Economic growth is **held back** by …

¶ …が貧困に対する戦いの**足かせ**になっている。

… is **hindering** the fight against poverty.

¶ 円高が…の**足かせ**になっている。

The [A] strong yen is a **drag** [… is **weighing**] on …

¶ 年金制度にとっての大きな**足かせ**

a heavy **burden** on the pension system

---

6 よくまどわされるケース

▶「…の場合」

原文 経営が破たんした**場合**，現在，預金保険機構は 1,000 万円までの預金元本しか払い戻し対象にしていない。

訳例 To date, only principal of up to ￥10 million is guaranteed by the Deposit Insurance Corp. **in the case of** bankruptcies.

直し To date, only principals of up to ￥10 million are guaranteed by the Deposit Insurance Corp. **when** [if] a bank fails.

〔解説〕「…の場合」とくると in the case of が反射的に口をついて出てくる翻訳者が多い。たいていの場合それで差し支えないのだが，if やwhen で済ませられることもある。

次のケースは if でも when でも in the case of でもなさそうだ。

原文 （A 銀行は下半期に 2,300 億円を償却し不良債権処理のメドをつけるとしているが，）B 銀行の**場合**はまだ 4 年以上かかるとしている。

訳例 **In the case of** Bank B, it plans to take four years to write off its bad debts.

> ┃ 直し ┃ **Meanwhile**, Bank B plans to write off all its bad debts over the next four years or even longer.

● 「4 年以上かかる」は it plans to take four years ではない。「最低 4 年はかかる」という意味だから，at least four years とか four years or longer としたい。 ┃ 直し ┃ では four years or **even longer** と訳した。「4 年どころか，もっと長期間かかりそうだ」を強調した言い方だ。

〔解説〕この事例ではそもそも ┃ 原文 ┃ に「…の場合」は不要である。つまり，英語に翻訳する必要がないわけだが，「A 銀行に対して，（一方の）B 銀行…」ということであれば，in the meantime［meanwhile］でも添えておけばよい。

　次は case を必要とする「…の場合」の例である。

> ┃ 原文 ┃ A 社と B 社は日米交渉が決裂した**場合に備え**，貨物の輸送協力で提携交渉を進めている。
> ┃ 訳例 ┃ Company A and Company B are negotiating on cooperation in cargo transport **to prepare for** a breakdown in the aviation talks between Japan and the U.S.
> ┃ 直し ┃ Company A and Company B are negotiating for possible cooperation in cargo transport **in case** the aviation talks between Japan and the U.S. break down.

● in case には「もし…の場合」，「万一に備えて」の意味がある。in case を使えば to prepare for は必要ない。

● break down は「交渉などが行き詰まる」ことで，「日米航空交渉が決裂」は，The aviation talks **end without agreement**.（合意に至らずに終了する）などとも言える。The aviation talks **get nowhere**. も同じ意味。break up《動詞》は結婚生活が「破たんする」。企業の「分離分割」も breakup《名詞》が使える。

▶「…と比べ」

> ┃ 原文 ┃ A 社は今春に**比べ**，来春の新卒採用者総数を 5 ％減らす。
> ┃ 訳例 ┃ Company A is set to cut the total number of new hirings by 5 ％ **compared with** this spring.

> **直し** Company A plans to cut its total of new hirings by 5 percent **from** this spring.

〔解説〕「…と比べ」,「…と比較し」に対しては, すぐに compared with を連想する。from 1 語でも OK だ。

> **参考** 日本ケンタッキー・フライド・チキンの5月中間期の経常利益は18億円と, 前年同期比12％**増えた**。
> **訳例** Kentucky Fried Chicken Japan Ltd. reported ￥1.8 billion in pretax profit for the first half ended in May, up 12％ **over** the same period last year.
> **直し** ..., up 12 percent **from** the same period last year.

> **原文** 不良債権の償却は（ピークだった）前年に**比べ**3割強減った。
> **訳例** **Compared to** the last fiscal year, the amount of write-offs is down by just 30％.
> **直し** Write-offs are down by just over 30 percent **on** the previous business year.

〔解説〕「前年比」のような場合には **on** を使うのがふつう。たとえば「前年比30％増」は a year-**on**-year increase of 30 percent。
● 「償却」は write-off で, 「償却**額**」は write-offs。the amount of write-offs にする必要はない。

> **原文** 10月の平均気温が**平年よりも高かったため**,（冬物）衣料品の売り上げが2.3％減った。
> **訳例** Sales of clothes declined 2.3％ in October as a result of **the warmer weather than ordinary years**.
> **直し** Sales of clothes declined 2.3 percent in October due to **the relatively warm weather**.

〔解説〕「平年よりも気温が高かった」を relatively warm weather と訳せば「平年」の意味も含まれるので, than ordinary years は不要。

▶「…を除いて」

> 原文 ▷ 日本を**除く** OECD 20 カ国では政府開発援助は 1.4％減少している。
>
> 訳例 ▷ The amount of ODA contribution by 20 OECD member countries **excluding** Japan showed a 1.4% decrease.
>
> 直し ▷ The ODA contribution by OECD countries **other than** Japan fell 1.4 percent.

〔解説〕「…の場合」と同様，「…を除く」を英訳する時も，条件反射的な反応を誘うようで，exclude / exclusive を使うケースが圧倒的に多い。しかし，「…を除く」を意味する英語の表現は多様である。「…以外の」にあたる other than が使えるケースも多い。

● 原文には「減少している」と書いてあるが，もちろん「減少した」の意味。この部分を 訳例 では showed a 1.4 % decrease とした。 直し の fell 1.4 percent の方がずっとスッキリしている。

● 「政府開発援助」は official development assistance。「政府」だからといって government とは言わない。また，「援助」を aid と訳しているケースがあるが，正しくは assistance。

> 原文 ▷ （米国では既存建築物に免震装置を取り付ける事例が多いが，）日本国内では神社など特殊な例を**除き**，**コストが高くつく**ことからビルや住宅など一般建築物に応用するのはこれが初めてという。
>
> 訳例 ▷ In Japan, it is the first case **except for** Shinto shrines and other special buildings, due to its **high construction costs**.
>
> 直し ▷ Because of its **higher cost**, use of the system in Japan has so far **been limited to** Shinto shrines and other special buildings.

〔解説〕「神社や特殊な例を**除き**…応用するのは**これが初めて**」を「この工法は神社や特殊な建物に**しか**応用されなかった」と発想を変えて英語にすると 直し のようになる。

　　また，「コストが高くつく」は high costs ではなく， 直し にあるように比較級（higher cost）で表現したい。「免震装置がない建築物と**比較して建設コストがより高い**」からだ。

▶ 「…を前提に」

> | 原文 | 見通しの**前提とした**円相場は 1 ドル＝105 円。

> | 訳 | The prediction is based on **an assumed** exchange rate of ¥105 to the dollar.

〔解説〕「…を前提に」の訳としては assume を使うのが最も一般的だが，次の事例のように if でも表現できる。

> | 参考 | 2020 年度は 8％の増収を見込んでいるが，円高で輸出採算が悪化し，平均為替レート 1 ドル＝105 円を**前提にしても**経常利益は微増にとどまる見通しだ。

> | 訳 | Though the company predicts an 8 percent sales gain for 2020, pretax profit will likely increase only modestly **if the** dollar trades at an average of ¥105.

● この if は even if の意味で，「**仮に**為替レートが 1 ドル 105 円だとしても」ということ。もっと円高になるのではないかとの懸念がうかがえる。

▶ 「異例」，「まれ」，「珍しい」

> | 原文 | （企業が株をいったん売った後に買い戻すケースは多いが，A 社のように）大規模に株を売り切るの**は珍しい**。

> | 訳例 | **It is rare** for the firm to sell extremely large amount of issues as Company A does.

> | 直し | Such a large-scale disposal of shares is quite **unusual**.

〔解説〕 | 訳例 | の it is rare for the firm はいけない。これでは「A 社としては珍しい」の意味になる。「珍しい」と言っているのは，A 社だけではなく「日本の企業一般」について。

　日本語の新聞記事には「異例の措置」，「…するのはまれ」，「…は珍しい」といった表現があふれている。実際に「異例なこと」も多いのだろうが，自分の書いた記事の扱いを大きくしてもらいたいとする記者の魂胆が見え隠れするものも少なくない。

　「異例」，「まれ」，「珍しい」の英語訳で適当でない例としてよく登場

するのは rare だ。rare は「数量が少ない，手に入りにくい，貴重な」
という意味合いを含んだことばで，「そういう例はあまりない」という
ことを言いたければ unusual の方がピッタリする。

> **原文** 日銀が，翌日物金利を公定歩合を下回る水準に誘導する姿勢を
示したのは**異例**。
> **訳例** It is **a rarity** for the central bank to clarify its stance to
guide the overnight call rate lower than the official discount rate.
> **直し** It is **unusual** for the Bank of Japan to clarify its stance
to guide the overnight call rate lower than the official discount
rate.

〔解説〕unusual 以外に「異例」を表現するには次のような言い方がある。

> **原文** （富士通は役員，社員に対する英語教育を強化する。）全社規模
の英語試験の実施は産業界でも**異例**。
> **訳例** Such an across-the-company English exam is **unusual**
among Japanese businesses.
> **直し** Such a company-wide English testing policy is almost
unheard of for a Japanese firm.

〔解説〕unheard of は「耳にしたことがない」，「前例がない」。これだと
「初めて」ということになるので almost を付けてトーンをちょっと抑
えた。これで「ほとんど聞いたことがない」となり，「異例」のニュア
ンスを出せる。
● 「産業界でも」を日本語にとらわれずに among Japanese businesses（日本の
企業のなかでは）と訳したのはよかった。

❖ **異例**
¶ 長時間労働は日本では**異例**ではない。
　Long working hours are common in Japan.
¶ **異例**の景気刺激策を新たに検討する
　prepare a fresh round of **unconventional** measures to stimu-
　late the economy

80

¶異例の金融緩和

　unorthodox monetary easing [loosening]

¶…は極めて**異例**だ。

　... is a very **rare** occurrence.

¶原発はすべて停止という**異例**の措置を取る

　take the **extraordinary** step of closing all nuclear power plants

7 「1日と24時間」, 「10と1ダース」

原文 鉄鋼大手5社では, 9月までの**1年半**に約1万400人が転籍した。

訳例 The five major steelmakers have transferred 10,400 workers to other companies in **one and a half years** to September.

直し The five major steelmakers have transferred 10,400 workers to other companies in the 18 **months ended** in September.

〔解説〕 **訳例** の「1年半」が **直し** では「18カ月」になった。意味が変わったわけでも, 誤訳をしたわけでもない。英語では期間を表わす単位としては「年」よりも「月」を, また「日」よりも「時間」を使うことが多い。「年中無休」は, Open seven days a week「1週間に7日オープンしています」とか Open 24/7 (年中無休で24時間営業) という。

原文 (国産大型ロケット「H2」の打ち上げを8月まで延期する。) この結果, 今春の打ち上げから**1年3カ月**もの空白期間が生じる。

訳例 The postponement of the H-II rocket launching will create a hiatus of **one year and three months**.

直し Postponing the launch leaves a **15-month** gap since the H-II launch this spring.

〔解説〕「1年3カ月」は月数に換算すれば「15カ月」。 **直し** で「打ち上げ」を意味する launch が同一文に2回登場する。これはできるだけ避けた方がよいので, 2行目の launch は blastoff にでも差し替えたほうがベター。

原文 その銀行は 1 カ月据え置けば **2 日前**の通知で自由に解約できる新型預金の取扱いを始める。

訳例 The bank will begin offering a new type of deposit, allowing depositors to withdraw funds after one month **upon two days of notice.**

直し 太字部分を **on 48-hours' notice** に。

〔解説〕ここでは、「2 日前」が「48 時間前」に書き直された。同様に、「1 日前」は「24 時間前」、「3 日後」は「72 時間後」と表現することが英語では多い。

● 「取扱いを始める」を will begin offering としたが、offer には「始める」の意味もあるので begin は省略可。will offer だけでよい。

原文 （この信用組合の現在の職員数は 295 人。）このうち**数十人**を都内の信用組合が受け入れる。

訳例 **Tens of staff** are expected to be transferred to other credit cooperatives.

直し **Several dozens** of the remaining staffers are expected to be transferred to other credit cooperatives.

〔解説〕日本語では、人でも物でも数えるときは 10 をひとつの単位として考えるのに対し、英語では 12 を表わすダースをよく使う。そこで、「数十人」は several dozens of ...。「数百、数千」については日本語と英語との間でこうした食い違いはない。

　　たとえば、米国のスーパーで卵を買うと 12 個が 1 単位になっている。1 ダースである。初めて購入した時、日本と比べてちょっと多いと思ったのは 2 個プラスされていたからだ。半ダースの 6 個入りも売っている。

● staff は an editorial staff of five（5 人の編集部員）のように集合名詞として使う。staffer とすれば one staffer / two staffers と言える。

▶「円高」,「円強」

原文 （同社は 2020 年の売上高を下方修正した）。国内販売の不振と**円高**による輸出競争力の低下が響いている。

訳例 Weaker-than-expected domestic sales and the **high yen** were the main reasons for the revision.

直し Weaker-than-expected domestic sales and reduced competitiveness overseas due to the **strong yen** are the main reasons for the revisions.

〔解説〕円の価値がドルなどの主要外国通貨に対して上昇する，つまり，円が「高く」なる。それが「円高」だとすれば，higher yen でよさそうなものだが，英語では strong yen / stronger yen と「円強」という。

「輸出競争力の低下」を **直し** では reduced competitiveness overseas（海外市場における競争力の低下）と説明調に訳した。

原文 105 円より**円高**でも採算に合うと答えた企業は全体の 0.5％に過ぎなかった。

訳例 Only 0.5% of the companies polled said they can make profit **if the yen stays higher than** ¥105.

直し Only 0.5 percent of the companies surveyed said they can make profits even **if the yen stays stronger than** the ¥105 level.

〔解説〕「円高」は対米ドルでは「ドル安」。英語では「ドル」を主語にして発想することが多いので **直し** の太字部分 if the yen stays stronger than … を if the dollar stays **weaker** than … と言い換えてもよい。

● **直し** の stronger than を 1 語で表わせば above。その反対は below。

❖ 円高，円安

¶円は対ドルで値上がりした［ドルに対して**円高**になった］。

　The **yen rose** against the dollar.

¶**円高**は日本経済にとってマイナスだ。

　A **strong yen** is bad news for the Japanese economy.

¶**円高**を背景に売り上げが伸びた。

Sales rose on the back of the **strong yen**.

¶ ドルに対して円の価値を押し上げる（**円高**をもたらす）

raise the value of the yen against the dollar

¶ **円高**はあまりにも急激だ。

The **yen's rise** is too sharp.

¶ **円安**になると日本の輸出製品の価格が安くなる。

A **weak yen** makes Japanese products cheaper in foreign markets.

¶ **円安**が追い風になって同社は増益になった。

The **weaker yen** led to higher profit(s) for the company.

¶ ドルに対して**円安**になった。

The **yen has weakened** against the dollar.

¶ **円安**で…の価格が上昇している。

The [A] **weakening of the yen** has raised the prices of ...

8 品詞の変換

　日本語原文の名詞を英語に翻訳しても名詞になるとは限らない。名詞が形容詞になったり，形容詞を副詞として，また名詞を動詞として翻訳した方が英語としてはピッタリするケースは多い。

　たとえば，「監督・山田洋次」を Directed by Yoji Yamada と英訳するようなケースだ。「監督（名詞）」を Directed by ... と動詞で表現している。「主演・渥美清」は Starring Kiyoshi Atsumi とか Kiyoshi Atsumi in ... という。star は「…を主演させる」という意味の他動詞だ。

> 原文 政府は発展途上国に低利で貸し出す円借款の金利を**平均で** **0.33％**引き下げる方針を決めた。

> 訳例 The government has decided to cut the interest rates on Japan's yen loans extended to developing nations **by 0.33 percentage point on average.**

> 直し ... **by an average of 0.33 percentage point.**

● 「平均で」を on average とすると副詞句，　直し　の an average of は形容詞句。　訳例　の太字部分の on average でも間違いではない。

〔解説〕「0.33％引き下げる」を cut interest rates by 0.33％としないように注意。そもそも日本語の表記に問題があって，ここで言っているのは，たとえば，これまで3.33％だった金利を3.00％に引き下げるということである。下げ幅が0.33％なので「0.33％引き下げる」と書いてあるが，正確には％ではなく「ポイント」。3.33％と3.00％との差はパーセント表示では10％近くになる。ここでは　訳例　，　直し　のいずれも 0.33 **percentage point** 引き下げる，と翻訳しているので問題はない。

次の例文では percentage point とすべきところを「％」と訳した。

参考　日米の長期金利差は昨年４月の**２％台**から現在**１％**近くまで縮小した。

訳例　The gap in long-term interest rates between Japan and the U.S. fell to nearly **1**％ from above **2**％ in April last year.

● 「現在１％近くまで縮小した」を fell to nearly １％と訳したが，現時点で約１ポイントに縮まっているわけだから has fallen to almost １ percentage point と現在完了形にした方がよい。

原文　…（１銀行あたり）**平均**900億円の不良債権額…

訳例　¥90 billion in nonperforming loans **on average**

直し　**an average of** ¥90 billion in nonperforming loans

〔解説〕この事例でも on average を an average of ... に変換した。

原文　経産省は電力10社の電気料金を現行に比べて**平均4.21％引き下げる**方針を固めた。

訳例　The Ministry of Economy, Trade and Industry decided to cut **by 4.21％ on average** electric charges of the 10 power companies.

直し　The Ministry of Economy, Trade and Industry is considering **an average 4.21 percent** reduction in the electricity rates by 10 power companies.

● 電気や都市ガスなどの「料金」は charge ではなく rate を使う。携帯電話の月額使用「料金」やホテルの「部屋代」も rate。ただし，新規「加入料」は fee。自動車の整備点検「料金」も fee。バスや電車の「運賃」は fare。

● 「方針を固めた」をどう訳すかが翻訳者の間でよく議論になる。「決定した」なら文句なく（has）decided だが，「方針を固めた」を 訳例 のように decided とするのはちょっと行き過ぎか。 直し では is considering（検討している）とした。informally decided も使えそうだ。「正式決定はまだだが，そういう方向で…」のニュアンスを出せる。average は動詞としても使える。以下の例文を参照。

原文 東京外国為替市場の1日の**平均**売買高は1,613億ドルとなった。

訳例 Daily **average** turnover of foreign exchange transactions in Tokyo totaled $161.3 billion.

直し Daily volume of foreign exchange transactions in Tokyo **averaged** $161.3 billion.

〔解説〕同じ「平均」でも，状況によって，名詞，形容詞，動詞として英訳されることが上記の例文から理解できる。

原文 非上場企業でも，50人以上に株式を発行したり，株主が500人以上いる会社では，**毎年**，報告書を提出する義務がある。

訳例 Unlisted firms which either offered their shares to more than 50 new stockholders or have at least 500 shareholders are requested to report their financial statements **every year**.

直し Unlisted companies that have sold shares to more than 50 stockholders or have at least 500 existing shareholders are required to release **annual** financial statements.

〔解説〕 原文 の「…**毎年**，報告書を提出する義務がある」の「毎年」は，副詞として使用されている。 訳例 も，これに対応する形で every year を副詞的に活用している。これに対し 直し では，この部分が to release **annual** financial statements とエディットされた。「**毎年**，報告書を提出する」が「**年次**報告書を提出する」に変わった。副詞が形容詞に変身した事例である。

「非上場企業でも…」を Unlisted firms ... だけで済ますと，「…で

も」の部分を正確に訳したことにならないし，誤解を招きかねない。というのは，この英訳は「50 人以上に株式を発行したり，株主が 500 人以上いる**非上場企業は**…有価証券報告書を提出する義務がある」と解釈でき，「上場企業には報告書提出の**義務はない**」かのような印象を与えるからだ。もちろんそんなことはないわけで，ここで言っているのは「（**上場企業はもちろん，**）非上場企業でも…報告書を提出する義務がある」ということ。Unlisted firms ... ではなく，**Even if** unlisted, companies that have sold shares ... でなければならない。「仮に上場されていなくても，50 人以上に株式を発行したり…」という意味だ。エディターもその点を見落としてしまったようだ。

● 会計報告書の「報告書」は statement。

●「50 人以上」を ⎾訳例⏌，⎾直し⏌ のいずれも more than 50 としているが，これは間違い。「50 人以上」には 50 人も含まれるから，at least 50 とか 50 or more にしなければならない。more than 50 だと 50 は含まれない。

⎾**原文**⏌（日本の金融機関の破たんが相次ぎ，主に海外から日本の金融機関の経営に対する不信感が高まってきたため，）**当初の予定より前倒し**して開示することにした。

⎾**訳例**⏌ They decided to provide information **earlier than their original plans**.

⎾**直し**⏌ As a result, the information will be made public **earlier than originally planned**.

〔解説〕原文の「当初の予定」は形容詞と名詞の組み合わせで，⎾訳例⏌ でもそれに沿って original plans と訳したのに対し，⎾直し⏌ では，「当初予定されていた」（副詞＋動詞）に変わった。

　⎾直し⏌ は受動態の文で，この部分だけからでは誰が情報を開示するのか不明だが，前後の文脈から日本の金融機関によって開示されるということに疑問の余地はない。受動態，能動態については 25-27 ページを参照。

⎾**原文**⏌ その地震は損害保険各社の決算にほとんど**影響しなかった**。

⎾**訳例**⏌ The earthquake **affected little** on revenues of the nonlife insurance companies.

> 直し＞ The earthquake had **little effect** on revenues of the non-life insurance companies.

〔解説〕「影響する」と「影響」。 訳例 ＞では 原文 ＞に合わせて affect 《動詞》を使い， 直し ＞では名詞の effect を採用した。

❖ 影響

¶ …の**影響**は至るところで実感できる。
The **impact** of ... is real, and it is everywhere.

¶ 気候変動は日本に**影響**を与えている。
Climate change is having an **effect** on Japan [... is **affecting** Japan].

¶ 世界に決定的な**影響**を与える
make a real **difference** in the world

¶ 冷夏の**影響**で…
because of the cool summer ...

¶ 多くの要素が**影響**し合って…をつくっている。
Many factors are **at play [work]** to make ...

¶ 中国の経済成長に**影響**を与えた要因
factors that **influenced** China's economic growth

¶ 財政運営の**影響**を受けやすい長期債
long-term bonds which are **sensitive** to the government's fiscal policy

¶ 同社は不景気の**影響**を受けることが比較的少ない。
The company is relatively **immune** to a recession.

原文 ＞工場新設で，同社は国際的なコスト**競争力**の強化を目指す。
訳例 ＞ The firm hopes that the new plant will help it enhance **competitiveness** in the global market.
直し ＞ The company expects the new plant to help it become more **competitive** in the global market.

〔解説〕「競争力」については，この章の冒頭ですでに説明した。ここでも competitiveness（名詞）が competitive（形容詞）に変化した。「コ

スト」が訳されていないとの指摘があるかもしれないが，競争力それ自体がコストの概念を包含していると考えられるから，省略してもよい。生かしたければ cost competitive にする。「国際的な競争力」は competitive in the global market「世界市場における競争力」と訳した。

原文〉（同社は）不況期でも**100％のフル稼働**が可能な体制づくりを目指している。

訳例〉The move is aimed at building a production system that achieves **100％ operation rate** even under sluggish economy.

直し〉The move is aimed at building a production system that **operates at full capacity** even in（a）recession.

〔解説〕**訳例**〉の名詞 operation を**直し**〉では動詞 operate で表現した。**原文**〉の「100％のフル稼働」は redundant だ。「100％（の）稼働」と「フル稼働」は同じ意味だから，どちらかひとつでよい。

原文〉政府の財政事情は一段と**厳しい**ものになろう。

訳例〉The government's financial situation will get **severer**.

直し〉The government's fiscal situation will **get even worse**.

〔解説〕「厳しい」（形容詞）を「悪化する」（動詞）と解釈して翻訳したのが**直し**〉。get worse の代わりに deteriorate も使える。健康状態の悪化を意味することばだ。

● 「財政事情」を financial situation と訳すのは間違い。政府の財政のことだから fiscal［budgetary］situation が正しい。

原文〉金融機関に対して**毅然とした**対応が必要と判断した。

訳例〉We considered it necessary to respond to financial institutions **resolutely**.

直し〉We considered it necessary to respond to financial institutions **with resolve**.

〔解説〕「毅然とした」を resolutely（副詞）としたのが**訳例**〉，前置詞と名詞の組み合わせで with resolve（決意を持って）と訳したのが**直し**〉。I'm **determined to** deal with the problem.（**決意をもっ**

て問題に取り組む）は，I'll deal with the problem **with determination**. に言い換え可能だと学生時代に教えられたのを思い出す。

> **原文** ▷ 政府は資金を**無利子**で貸し付ける。
>
> **訳例** ▷ The government will extend **no-interest** loans.
>
> **直し** ▷ The government will extend **interest-free** loans.

〔解説〕「利子がない」から no-interest としたのは分からないでもない。
　誤解を与えることはないにせよ，この場合は interest-free loans という言い方が定着している。「免税店」を duty-free shops,「フリーダイヤルの電話番号」を toll-free numbers というのと同じ理屈である。
　free of charge と言えば「無料」で，free には「…から免除されている」という意味がある。⇒50 ページ

> **原文** ▷ 株式などに特化運用する投資顧問の参入は**安全運用**に反する恐れがあるとの見方がある。
>
> **訳例** ▷ Some people argue that letting investment advisory companies, which primarily invest in stocks, is against the principle of **safe fund management**.
>
> **直し** ▷ There are concerns that investment advisory firms, which primarily invest in stocks, could compromise the principle of **low-risk management**.

〔解説〕「安全運用」を「リスクの小さい運用」に書き換えた。リスクのない運用というものは存在しない。あるのは，リスクが大きいか小さいかだけだ，という認識からだ。 **直し** の compromise は「…を損なう」。

> **原文** ▷ 世論調査では 53.2％の有権者が「**新しい政権**が望ましい」と答えた。
>
> **訳例** ▷ The poll showed 53.2% of the respondents answered they want **a new administration**.
>
> **直し** ▷ The poll findings showed 53.2 percent of voters said they want **a change of government**.

〔解説〕「新しい政権」を「政権の交代」に言い換えた。a new administration とすると「（発足まもない）新政権」と誤解されかねないとの懸念が働いたのだろう。

┃直し┃の findings は調査などの「結果」。

┃原文┃（…内閣の）支持率は，**発足直後**の支持率としては歴代2位の高率となった。

┃訳例┃The rating is the second highest for a cabinet **at start**.

┃直し┃The approval rating is the second highest ever **for a new cabinet**.

〔解説〕「発足直後」をどう翻訳するかで迷うところだ。┃訳例┃は日本語に引きずられたようで，at start（発足時点で）とした。「発足直後の」を「新内閣の」と考えたのが┃直し┃。

┃原文┃大手自動車部品メーカーが，米国生産拠点から日本への部品輸入を**積極化**している。

┃訳例┃Major Japanese auto parts makers are **actively** importing parts from their U.S. units.

┃直し┃Major Japanese auto-parts makers are **increasing imports** from their local plants in the U.S.

〔解説〕「積極的に」は actively だが，この場合，actively を具体的に説明すれば，部品輸入を増やすことだから，そのように翻訳した方が分かりやすい。

❖ **積極的**

¶対策に**積極的**に取り組み，二酸化炭素排出量を抑制する
  take **aggressive** steps to curb CO_2 emissions

¶世界平和への日本の**積極的**貢献
  Japan's **proactive** contribution to global peace

¶気候変動について**積極的**に発言する
  speak out on climate change

¶改革に**積極的**な首相
  a reform-**minded** prime minister

¶ 図書館を**積極的**に活用する

　make **more use** of the public library

▶ 「反映」

> **原文** >　…は答申を防衛計画の大綱に**反映させる**よう政府に働きかける。
>
> **訳例** >　…will try to influence the government to **reflect** these recommendations in the National Defense Program Outline.
>
> **直し** >　…will encourage the government to **include** these recommendations in the National Defense Program Outline.

〔解説〕「反映する」の英訳に reflect をあてる翻訳者は多い。reflect はもともと「光や熱を反射させる」ことであり，そこから「…を映し出す」，「…を表わす」の意味が派生した。「その表情から，彼が喜んでいるのがよく分かった」のような場合に，「その表情」が「彼の喜び」を reflect した，という形で使う。「今回の措置は，公正取引委員会の独禁法違反に対する強い姿勢を反映させている」の「反映」も display ／ demonstrate などと並んで reflect が使える。

　しかし，　**訳例** 　の英語では「政府が答申を反映させる」ことになり，意味をなさない。「反映」にこだわるのであれば，　**原文** 　の構造を「防衛計画の大綱が答申を反映するよう政府に働きかける」に変えて，翻訳する必要がある。… will try to urge the government **to have these recommendations reflected** in the National Defense Program Outline. とでもなるのだろうが，英作文の練習問題の模範解答のようでいただけない。

　いっそのこと「反映」はやめにして，「大綱に**盛り込む**よう政府に働きかける」と発想してみてはどうか。「盛り込む」は include でいける。あとは 　**直し** 　の通りである。

　reflect の正しい用法は以下の例文を参照。

> **参考** 予算原案は景気低迷による税収の伸び悩みを**反映**したものとなった。
>
> **訳** The draft budget **reflected** the low growth in tax revenues resulting from a sluggish economy.

〔解説〕「伸び悩み」をどう翻訳するかで悩まないように。 **訳** にあるようにlow growth（伸びが低い）で十分。

> **参考** （電力用の一般炭の輸入需要は増加する見込みだ。）この**背景**には原子力や石油火力の電源立地難がある。
>
> **訳** The trend **reflects** difficulty in finding sites for new oil-fired or nuclear power plants.

〔解説〕「この背景には…」以下を reflects ... で受けたが，The trend stems from ... / The trend is attributed to ... / This is because of ... なども使える。

　　　石炭火力も含めた「火力発電一般」は thermal power generation。

❖ **反映**

¶（企業再建の）スポンサー選びには大口債権者の意向が強く**反映**される。

Major creditors have a big **influence** on the choice of a sponsor.

¶ドライバーの運転特性を**反映**して保険料を決める

use motorists' driving habits to determine insurance premiums

¶労働時間がそのまま給料に**反映**されていない（タダ働きさせられていることがある）。

We are not paid for all hours worked.

¶（この意見）は世論を**反映**していない。

This is out of step with public opinion.

> **原文** （灯油の卸値が急上昇している。）**急激な冷え込みに伴う暖房用**需要の増加と，（石油元売り各社の出荷量削減で）品薄感が強まってきたためだ。

> **訳例** The sharp rise is attributed to rising demand, due to **a plunge in temperature** and to a reduced supply of the fuel by oil refiners.

> **直し** The sharp rise is attributed to increasing demand due to **the cold weather** and a reduced supply of the fuel.

〔解説〕「急激な冷え込み」につまずいた。plunge は「落ち込み」で，その後に temperature（気温）を付ければ「気温の落下」，すなわち「冷え込み」になると翻訳者は考えた。それに対して **直し** は due to the cold weather（天候が寒かったので）だけ。そっけない気がしないでもないが，意味は通じる。英語の発想からすれば，「気温の落下が原因で」なんていう持って回った言い方をなぜするの，ということになる。どうやら，われわれはものごとを難しく考えすぎているようである。

9 「多い」，「少ない」

> **原文** （信用組合は）都銀に比べ有価証券などの含み益が**少ない**。

> **訳例** Their unrealized earnings from negotiable securities are **fewer** than those held by city banks.

> **直し** Their potential paper profits from portfolios of negotiable securities are **lower** than those of city banks.

〔解説〕引っ掛かりやすいのは「含み益が少ない」の「少ない」で，few [fewer] を使う翻訳者が多いが，企業の利益や損失については high と low で表現するのが一般的だ。次の例では企業収益が「落ち込んだ」となっている。「落ちる」だから fall とか，あるいは「減少した」と考えて decrease が連想される。しかし，**直し** ではここでも low が採用された。

> **原文** 同研究所は，4-9月の中小企業の企業収益の**落ち込み**は確実とみている。

> **訳例** The research institute believes that smaller firms posted **decreased** profits in the April-September period.

> 直し The research institute believes that smaller firms posted **lower** profits in the April-September period.

ところが，同じ「少ない」でも，何が少ないかによって形容詞を変えなければならない。

> 原文 通信量が**少ない**午後11時から午前8時まで
> 訳例 from 11:00 p.m. to 8:00 a.m., when communications traffic is relatively **small**
> 直し from 11 p.m. to 8 a.m., when communication traffic is relatively **light**

〔解説〕通信量の「多い，少ない」については heavy / light を使う。交通量や，降雨，降雪の程度についても同様。heavy snowfall は「豪雪」。light rain は「小雨」で，heavy traffic は「交通量が多いこと，交通渋滞」。

▶「いじめ」

> 原文 公取委，PL法施行で下請けいじめ監視（見出し）
> 訳例 FTC to watch **bullying** of subcontractors in PL law damages payment
> 直し FTC warns against **abuse** of PL law by parent firms

「いじめ」とくれば bullying と相場は決まっているようなものだが，これもケース・バイ・ケース。ことばや物理的暴力を伴う学校での「いじめ」は bullying でよいとして，この事例では，製造物責任法の施行に関連し，製品の欠陥で生じた賠償責任を親企業が下請け企業に押し付けることを「いじめ」と表現している。 直し では，「公取委，親会社の PL法乱用［悪用］を警告」とした。FTC は Fair Trade Commission（公正取引委員会）の略。

状況に応じて「いじめ」は次のようにも表現できる。

> 参考 公正取引委員会は，親会社が優越的な地位を利用して「下請けいじめ」をしないよう求めた。

訳 ▷ The Fair Trade Commission warned parent firms **not to take unfair advantage of** their subcontractors.

〔解説〕to take advantage of ... は「弱みに付け込む，…を利用する」ことで，unfair を付けると「親会社の立場を**不当に利用して**」の意味が加わり，「下請けいじめ」の感じが出せる。

❖ **いじめ**

¶…をいじめの標的にする

　make ... a target for **bullying**

¶学校でいじめられたので，被害者男児の家族が彼を退学させた。

　The boy's family took him out of school because he was **bullied**.

¶学校では上級生にいじめられた。

　Older boys **picked on** me when I was at school.

¶職場でのいじめ

　workplace **bullying**/ **bullying** of workers by colleagues and supervisors

---

原文 ▷ 経済協力開発機構（OECD）加盟諸国の開発援助は前年比 2 ケタの減少だった。

訳例 ▷ Development aids from the OECD saw a **two-digit** percentage dip.

直し ▷ The amount of development aid from the OECD member countries saw a **double-digit** percentage dip.

〔解説〕「2 ケタ」の「2」に惑わされて two-digit と翻訳してしまった。正しくは double-digit。同様に，「二階建てのバスや電車」は double-decker，「単発機」は single-engine aircraft，陸上競技の「三段飛び」は triple jump という。いずれも，one / two / three は使用しない。

　名詞を複数形にすると「…の額，量」を意味する場合があることはすでに説明した。shipments は「出荷額・出荷量」で，exports は「輸

出額」だ。しかし，「援助」の意味の aid は複数形にはならない。「援助額」は 直し のように the amount of aid [assistance] とする。aid には「補助するもの」の意味もあり，a hearing aid と言えば「補聴器」のことである。この場合はもちろん hearing **aids** と複数形は可能。

「2ケタ」を「10％以上」と解釈すれば以下のような訳になる。

The amount of aid from the OECD member countries declined **by more than 10 percent**.

原文 A社はコンビニエンス・ストア，ディスカウント・ストア店への**参入**を検討している。

訳例 Company A is considering **entering into** convenience store and discount store operations.

直し Company A is exploring the possibility of **starting** convenience store and discount store operations.

〔解説〕 「参入」の英訳に enter をあてる翻訳者が多い。enter の代わりに start / begin / launch / go into などでも「参入」は表現できる。日本語と比べて，英語はこの点，かなり flexible である。

❖ **参入**

¶ 日本市場に**参入**する

　come [get, move] into the Japanese market

¶ …のために［…が理由で］新規事業者の市場**参入**のハードルが高くなる。

　… make(s) it harder for newcomers to **enter** the market.

¶ 市場を開放し外資の**参入**を認める

　open (up) the market to foreign companies

¶ 日本市場への**参入**は壁が高い。

　The Japanese market is hard to **crack [break into]**.

▶「夜」は night，ではない

> **原文**〉（東京ディズニーランドの年間入場者が過去最高を更新するの
> が確実となった。）天候に恵まれたほか，**夜のパレード**を一新した効果
> が表われた。
> **訳例**〉This is attributed to favorable weather conditions and
> the introduction of a new **night parade**.
> **直し**〉The operator of the theme park attributes the new rec-
> ord to the relatively good weather and introduction of a new
> **evening parade**.

　night が evening に直された。night は「夜」，evening は「夕方」と
思い込んでいるひとが多いようだ。辞書の説明によれば，evening は，
(1) the latter part of the day and early part of the night，(2) the pe-
riod from sunset to bedtime で，night は，the period of darkness
between sunset and sunrise となっている。要するに evening と night
は一部重なり合っているものの，早い時間帯が evening で，night は遅
い時間帯から夜明けまでを指すことが分かる。

　東京ディズニーランドのアトラクションといえば小さな子供連れの家族
も対象にしたものだろうから，いくら「夜のパレード」と言っても night
ではなく an evening parade の方がよい，とエディターは判断した。

　念のため，東京ディズニーランドに問い合わせたところ，パレードは午
後 6 時から始まるという。だとすれば，これは間違いなく an evening
parade である。東京の新宿や六本木などの盛り場に繰り出して飲んだり
するのは night life（夜遊び）で，evening life とは言わない。

> **原文**〉金融機関が，…向け債権の損失を償却する**方針を固め始めた**。
> **訳例**〉Financial institutions **have begun to decide** to write off
> loans to ...
> **直し**〉Financial institutions **are preparing** to write off loans
> to ...

〔解説〕直訳調英語の典型のような翻訳だ。もとはと言えば「方針を固め
　始めた」がなんとも不可解な表現なのだが，翻訳者はこの部分を十分に

咀嚼することなく，ただ 原文 に沿って英語の単語を並べただけ，という印象を免れない。

「方針を固め始めた」はそのままでは英語にならない。なんとか分かりやすい日本語に言い換える，つまり paraphrase する。たとえば，「損失を償却する方向で検討を始めた」ではどうだろう。「償却を検討している」，「償却する意向だ」でもいいかもしれない。でも，これでは「固め始めた」のニュアンスが埋没してしまう，というのであれば，「以前から検討していたが，いよいよ決断の時を迎えている」と解釈する。英語にすれば，Financial institutions are moving closer to deciding to write off ... といったところか。 直し では，あっさりと preparing to write off（償却の準備を始めている）とした。

日本語の英訳作業というものは，タテのものを単にヨコにすればそれでよしというわけにはいかない。まず，原文を正確に読み取る。分かりにくい日本語であれば分かりやすい日本語に言い換える。当然のことながら，原文の日本語を正しく理解できなければまともな英訳などできるはずがない。海外留学で自信をつけたのか，英語力の高さを自慢することばかりに熱心で，肝心の日本語の方があやしいひとが増えてきているような気がする。ちょっと心配である。

コラム③

「ポカリスエット」と「カルピス」

　ある年の夏の日のこと，会社の自販機で購入した缶入りの「ポカリスエット」を職場で飲んでいたら，「それは何か」と新任の米国人エディターに聞かれた。「日本で人気のスポーツ飲料だ」と返事をしながら一気に飲み干したら，彼は顔をしかめて，"Oh, no!"とか"No way!"とか叫んだようだった。その理由はうすうす気が付いていたので，「やっぱり，これはまずいかなあ」といったら，エディターは巨体を揺すって大きくうなずいた。

　問題はSweatにある。もちろん英語の「汗」の意味だ。日本語では「青春の汗」，「血と汗の結晶」などからも連想されるように，「努力」や「労働」の象徴でもあり，必ずしもネガティブな印象を与えるわけではない。しかし米国人が想像するのは「汗そのもの」，不快な「汗臭さ」のようで，そんなものを「清涼飲料水」として飲んでいるやつの気が知れない，というのだ。同様の指摘は職場のほかの外国人スタッフからも聞いていた。

　そんなことは製造元の大塚製薬だって百も承知しているだろうが，「ポカリスエットは，東南アジアをはじめ多くの国で飲まれているグローバルな飲みものです」と全く意に介している気配はない。それどころか，「今後も"汗の飲料"という変わらないコンセプトのもと，世界のそれぞれの国・地域の文化にあわせた提案を行い，世界の人々に愛され続ける製品として更なるグローバル展開を進めていきます」と意気軒高だ。外圧にめげず，ここまで「汗の飲料」に誇りと自信を持てるのは，ある意味，立派である。

　それで思い出すのはカルピスだ。日本ではお中元，お歳暮の定番で，「カルピスウォーター」がブームになったのはそんなに昔のことではない。人気の乳酸菌飲料だ。

　ところが，困ったことに，ローマ字表記のCalpisを英語圏の人が発音すると，cow pissと聞こえるらしい。「牛のおしっこ」という意味である。Calはカルシウム（calcium）を指し，pisはサンスクリット語

で「最上の味」を意味する「サルピス」に由来するのだそうで，カルピスはまさに日本の「醍醐」だ。「(醍醐とは) 牛または羊の乳を精製した甘くて濃厚な液体。最高の味のものとされる」と『明鏡国語辞典』にある。

　カルピスが誕生したのは 1919 年。なんと 1 世紀以上前の話で，当時のキャッチフレーズは「初恋の味」だった。その「最上の味」，「初恋の味」であるはずの日本の国民的飲料が「牛のおしっこ」とは情けない。

　Pocari Sweat の場合はメーカーが開き直り，「汗の飲料」を逆手に取っているが，「牛のおしっこ」はさすがにまずかったのか，米国やカナダでは Calpis は「Calpico」と名前を変えて売られているという。それでも，販売元のアサヒ飲料が「カラダにピース」をうたい文句にカルピスを売り込もうとしているのは，「ピス」へのこだわりがそれだけ強いからなのだろう。ただ，若い人の中には，「カラダにピース」を縮めて「カルピス」になったと思い込んでいる人もいるらしい。

第 4 章

誤用

文章を書くについてはさまざまな約束ごとがある。文法の規則もそうだし，個々のことばについても，たとえば，Aという名詞に対してはある特定の文脈では必ずBという前置詞を必要とする，といった決まりがある。in the morning とすべきところを at the morning はまずいし，at 7 p.m. を on 7 p.m. としたら書き直されるだろう。「5年連続」の言い方を five consecutive years だけしか知らないと，「2020年の日本の自動車生産は5年連続で前年を下回った」という文にはうまく対応できない。

こうした約束ごとや正しい語法は，できるだけ守るべきなのは言うまでもない。

とは言っても，英語はわたしたちにとってしょせんは外国語であり，そうした決まりごとに精通していなかったり，うっかり忘れてしまった，などということはよくあるものだ。そこで，英語を母語とする人々に協力を仰ぐことになる。英語メディアではこうした外国人スタッフをコピーエディターと呼んでいる。コピーとはニュース原稿の意味である。

本書の作成に当たっては，翻訳スタッフ（ほとんどは日本人）が英訳した日本経済新聞の記事約5,000本についてオリジナルとコピーエディターの直しとを照合した。その結果，多数の翻訳者に共通することば遣いの誤りや，語法上のルール違反が見つかった。

誤用というよりも，むしろ，誤訳に近いケースもここでは取り上げた。「…以上」，「…以下」がその代表的な例で，日本語の意味を正確に理解していないために生じたミスである。英語そのものが間違っているわけではないので，コピーエディターに直されることはない。日本語の原文とその英訳とをチェックしている日本人エディターが目を光らせなければならない。

1 consider（検討する）

原文 日銀は海外駐在事務所の**増強を検討している**。

訳例 The Bank of Japan is **considering to increase** the number of its offices abroad.

直し The Bank of Japan is **considering increasing** its offices overseas.

〔解説〕consider はその直後に，動詞の -ing 形か，名詞を従えるのが正しい用法。「…する（こと）を検討する」という意味の ▊原文 に引きずられて consider to 不定詞の間違いが多発する。

▊原文 その銀行は株式配当を減配する方向で**検討に入った**。

▊訳例 The bank is **considering to cut** the dividend payments.

▊直し The bank is **considering cutting** dividend payments.

〔解説〕to cut を cutting にする。「減配する方向」の「方向」に惑わされないように。これは翻訳不要。

▊原文 生命保険各社は予定利率を現行の 3.75 ％から 3.0-2.5 ％に**引き下げる**。

▊訳例 Life insurance companies are **considering to lower** the rate to 2.5-3.0 ％ from 3.75 ％.

▊直し Life insurance companies are **considering lowering** assumed rates to 2.5-3.0 percent from 3.75 percent.

〔解説〕to lower を lowering にする。▊原文 の「現行の」は at present とか currently だが，訳さなくてもよい。「年 3.75 ％から」のなかに「現行の」が含まれると考えてよいからだ。

2 propose（提案する）

▊原文 日産自動車は中国との合弁会社にエンジンを年間 15 万台規模で量産するよう**打診する**意向。

▊訳例 Nissan Motor will **propose** the Chinese firms **to** jointly **produce** 150,000 engines a year.

▊直し Nissan Motor will **propose that** the Chinese joint venture **produce** 150,000 engines a year.

〔解説〕「propose ...to＋動詞」という誤用もよく目にする。▊直し からも分かる通り，propose の後は that（that を省くこともある）でつないで，**動詞の原形で受ける**というのが基本的なパターンだ。つまり，

三単現（三人称単数現在形）の s は必要としない。propose を名詞や動詞の -ing 形に接続することは可能。recommend / demand / suggest / request といった動詞もこの形をとる。

原文	政府に対し…の設立を提案する
訳例	propose the government to set up ...
直し	propose that the government set up ... / propose to the government that it （should） set up ...

原文	就職内定を受け入れるよう彼に勧めた。
訳例	I proposed him to accept the job offer.
直し	I proposed that he accept the job offer. / I proposed to him that he （should） accept the job offer.

この点について，『ジーニアス英和辞典第 5 版』は She **proposed to us** that **Bill** （should） **lead** the parade.（彼女はビルがパレードを先導するように私たちに提案した）という例文を示した上で，これを She **proposed Bill to lead** the parade. とするのは「不可」だとした。上記の英文で should を挿入するのは《主に英》だとも説明している。『ジーニアス』が「不可」としたのが上記の 訳例 だ。

こうした propose がらみの誤用は広く流布していて，ネット上で簡単に見つかるが，英米の主要メディアの記事に登場することはまずない。そして，そのほとんどは日本を含む非英語圏から発信されたものだ。

それはさておき，「同社は…の**建設を提案**している」のように，自らに関する提案であれば **The company proposes to build** ... で全く問題ない。The company proposes that it build ... とはならない。

③ recommend（求める，提言する）

| 原文 | ガイドラインは，化粧品メーカーに対し，製品の欠陥ではなく，消費者の体質による皮膚障害の発生についても消費者救済の見地から治療費や見舞金の支給を**求めている**。 |

> **訳例** The guidelines **recommend** manufacturers **to compensate** users when they experience skin trouble even if the trouble is blamed on the user's physical condition and not on the product they use.

> **直し** The guidelines **recommend that** manufacturers **compensate** customers ... （以下略）

〔解説〕 **原文** は「…見舞金の支給を**求めている**」と現在進行形のような姿をしているが，英語では recommending ではなく，現在形の recommend がよい。

> **原文** 経産省は政府に対して長期の武器調達計画を作成するよう**提言した。**

> **訳例** The Ministry of Economy, Trade and Industry **recommended** the government **to draw** a long-term arms procurement plan.

> **直し** METI **recommended** (**that**) the government come up with [work out] a long-term arms procurement plan.

〔解説〕arm を「武器」，「兵器」の意味で使う場合は複数形にする。

> **原文** …は日本電信電話（NTT）の長距離部門を切り離す「分離・分割」の**答申**を出す方向で合意した。

> **訳例** …agreed to submit a **recommendation for** separating the long-distance telephone division from Nippon Telegraph and Telephone Corp.

> **直し** …agreed to **recommend that** (the minister) **call for** the separation of the long-distance telephone division from Nippon Telegraph and Telephone Corp.

● 「分離・分割」は separation だけでなく，breakup や split-up も使える。
● 「答申を出す方向」の「方向」は訳出不要。「答申を出す」を **訳例** では submit a recommendation としたが，recommend（答申する）だけでもよい。

106

4 demand （要求する）

> **原文** 投資家グループは A 社に対して 60 万株の自社株を買い取るよう求めていた。
>
> **訳例** An investor group **demanded** Company A **to buy back** a total of 600,000 shares of the firm.
>
> **直し** An investor group **demanded that** Company A **buy back** 600,000 shares of 〔in〕 the firm.

〔解説〕「…会社の株」は shares of 〔in〕 the company。「…の」をどう訳すかについては 188-205 ページの例を参照。

> **原文** …を増やすよう米国側は**要求していた**が，受け入れられなかった。
>
> **訳例** The U.S. **demand to** increase … was not accepted.
>
> **直し** The U.S. **demand** for more … was rejected.

〔解説〕「受け入れられなかった」を **訳例** では原文に忠実に was not accepted と訳した。この部分が **直し** では was rejected に書き直された。「拒否した」という意味である。米国の要求に対しては，(1)受け入れる，(2)受け入れない，のふたつにひとつと日本語では考えるが，英語の発想としては，(1)受け入れるか，(2)拒否するか，の二者択一になる。「受け入れない」という表現はどこかあいまいに聞こえるのだろう。日本語に則して「…でない，…しない」と翻訳したところを，「…だ，…する」という英語に書き直されることがけっこうある。具体例は第 6 章を参照。

> **原文** 金融機関の経営者に対する経営責任の追及を**要求する**
>
> **訳例** **demand** managers of financial institutions **to take responsibility** of management
>
> **直し** **demand that** managers at the institutions **take responsibility** for mismanagement

〔解説〕 訳例 の ... to take responsibility が 直し では to が落ち
ていることに注意。「…の責任」は responsibility of ではなく for が正
しい語法。「経営責任」となっているが，正確には「経営の破たん，行
き詰まり」の責任だろうから， 直し のように responsibility for
mismanagement（経営の失敗に対する責任）がよい。

5 suggest（提言する，提案する）

原文 企業に対して制度を積極的に活用するよう**提言する**
訳例 **suggest** corporations **to employ** the system actively
直し suggest（that）companies（should）**use** the system
more effectively

● 直し の（ ）は省略可。
● 原文 の「**積極的に**活用する」を 直し では use the system **more ef-
fectively**（より有効に活用する）と訳した。このような文脈では比較級を使
って翻訳することがよくある。類似例は 66 ページ以下を参照。

❖ 活用
¶ 米国留学の経験をフルに**活用**する
make the most [best] of one's experience studying in the U.S.
¶ その土地の**活用**法は？
How do you **use** the land?
¶ …をもっと有効に**活用**する
put ... to better **use**
¶ …を老人ホームとして**活用**する
turn ... **into** a nursing home
¶ 太陽エネルギーを**活用**する
make use of solar energy/ **harness** the power of the sun

> **原文** （春闘方針案では）「隔年ごとの賃上げ交渉や複数年協定も検討の対象とするよう」**提案している**。
>
> **訳例** The policy plan **suggests** negotiations **to** take place every other year or two parties' agreeing on wage levels for more than a year at one negotiation.
>
> **直し** The policy plan **suggests that** wages (should) **be agreed** for more than one year at a time, with talks likely to be held at two-year intervals.

〔解説〕この例文はかなり難易度が高い。**直し** は **訳例** の骨格を生かして書き直しているが，**原文** を思いっきり組み換えたらどうなるか。たとえば，「隔年ごとの交渉や複数年協定も春闘方針案のなかで検討の対象として取り上げられている」。これを翻訳すれば，

A wage agreement effective for more than one year, and negotiations at two-year intervals **are some of the suggestions included [featured] in the policy plan.**

太字部分をもっと簡潔にしたければ，

...**are suggested in the policy plan.**

6 expect（予期する，期待する）

> **原文** 旅行代理店はこの傾向が夏場も続くと**みている**。
>
> **訳例** The travel agency **expects** the trend **will** continue into the summer.
>
> **直し** The travel agency **expects** the trend **to** continue into the summer.

〔解説〕「予想する」，「期待する」を意味する expect の接続は「to ＋動詞の原形」にすることが多い。

> **原文** A社はB社を買収し，A社の…の研究開発拠点として**活用する**。
>
> **訳例** Company A will buy out Company B that it expects will **serve** as its R & D base for ...

> ┃**直し**┃ Company A will buy out Company B which A expects to **use** as its R&D base for ...

〔解説〕R&D = research and development（研究開発）。R & D よりも R&D の形で使うことが多い。

7　-ing と -ed

> ┃**原文**┃（大手総合商社が鉄鋼製品の輸入に力を入れている。）鋼材の輸入は従来，**専門**商社経由に限られていた。
> ┃**訳例**┃ Only traders, **specialized** in steel businesses, imported steel products.
> ┃**直し**┃（Leading Japanese trading firms are rushing to import steel products）— a line previously left to traders **specializing** in the business.

〔解説〕specialize は「専門に扱う，専門とする」。過去分詞形の specialized として名詞の前に置き，specialized skills（専門技術）という形で使ったりもするが，名詞の後ろから修飾するときは -ing の現在分詞形で使うことが多い。┃**直し**┃の traders specializing in the business は「（鉄鋼製品を）専門に取り扱う商社」，つまり「専門商社」。specializing の後の前置詞は in をとる。「専門店」は a specialty shop。商社は a trading house とも言う。

❖ 専門

¶ファッション**専門**の女性雑誌
　a women's magazine **specializing** in fashion

¶高齢者**専門**の医療センター
　a medical center that **specifically** caters to older people

¶コンピューター科学の学士号を取り，**専門**を生かした仕事に転職した。
　I earned my bachelor's degree in computer science and found a new job **in my field**.

¶ アニメ**専門**チャンネル
an animation channel/ an anime-**only** channel
¶ **専門家**を招いて学生を訓練する
bring in **experts** to train students
¶ …に詳しい**専門家**
people with deep understanding of ...

原文 製造業を中心とする主要企業 64 社で**構成する**協議会は，税制改正に向けた要望書をまとめた。

訳例 The panel, **comprised of** 64 major companies, mainly from the manufacturing sector, also prepared a report for tax reforms.

直し The panel, **consisting of** representatives from 64 manufacturers and other firms, put together a report calling for tax reforms.

〔解説〕comprise について『ジーニアス英和辞典第 5 版』は The United Kingdom **comprises** England, Scotland. ... = The United Kingdom **is comprised of** England, Scotland ... であり，いずれも「英国はイングランド，スコットランド，…から成る」という意味だと説明している。

● 本書の旧版のこの部分で「…を止める」，「…を失速させる」という意味の stall を使った例文を取り上げ，「所得の**伸び悩み**」が **stalling** incomes から **stalled** income levels に直されたケースを紹介した。**stalling** は不可，というのがコピーエディターの判断だったのだろう，と著者も考えた。

　しかし，再考した結果，この「直し」が妥当かどうか疑わしくなってきた。所得ではないが，「経済成長の**伸び悩み**」という例を取り上げると **stalled** economic growth はもちろん使うが，**stalling** economic growth もかなり頻繁に登場するのだ。例えば 2020 年 1 月 31 日付けニューヨーク・タイムズの記事は，欧州の経済がゼロ成長に落ち込むのではないかとの見通しを示し，以下のように報じた。

Nationwide strikes and protests in France contributed to Europe's **stalling** economic growth.（フランス全土で展開されたストや抗議行動が欧州の経済成長の**伸び悩み**をもたらした［経済成長の足かせになった］。）

　同様に，旧版では「企業収益の好転」を **improving** corporate profitability と訳したところ，コピーエディターが **improved** ... に直した例にも触れた。今となっては，これも improving が間違いで，improved とすべきだった，ということではなかったような気がする。

　語法の問題ではなく，「収益の好転」を「好転**しつつある improving**」と見るか，「好転**した improved**」と解釈するかの違いなのだろう。コピーエディターがそこまで気が付いて **improved** に書き換えたのかどうかは分からない。上記の「伸び悩み」に関しても「伸び**悩んでいる**」のであれば **stalling**，「伸び**悩んだ**」なら **stalled** ということなのだ。

8　「…以上」，「…以下」

> **原文** 　資本金 1 億円以上の会社約 7,500 社と，430 の事業者団体
> **訳例** 　About 7,500 companies and enterprise groups that are **capitalized at over ¥100 million**
> **直し** 　About 7,500 companies **capitalized at ¥100 million or more** and 430 business organizations

〔解説〕「資本金 **1 億円以上**」は over ¥100 million ではなく，¥100 million or more［above / larger］が正しい。「以上」は「それを含みその上の範囲」を意味する。over ¥100 million では資本金が 1 億円ちょうどの会社は除外される。「60 歳以上」は aged 60 years or older，「従業員 100 人以下の会社」は companies with 100 or fewer on the payroll / companies with a staff of 100 or fewer などと表現する。

　また，**訳例** では「資本金 1 億円以上」が会社だけでなく，事業者団体にもかかると誤解した。資本金が関係するのは「会社」だけだから，「会社」と「事業者団体」の位置を切り離さなければならない。**直し** を参照。

> **原文** 都市銀行各行はスーパー定期（預入金 **300 万円以上**）の金利
を引下げた。

> **訳例** City banks cut interest rates on "Super" fixed-term de-
posits of **over ￥3 million**.

> **直し** City banks cut interest rates on "Super" fixed-term de-
posits of **￥3 million or over**.

〔解説〕「300 万円以上」には 300 万円も含まれる。　**訳例** の over ￥3
million だと 300 万円は含まれない。

● 「定期**の**金利」の「の」は interest rates **on** ... となることに注意。

> **原文** （同社は）**2021 年以降**，欧州やオセアニアなどにも順次サービ
ス地域を拡大する。

> **訳例** The company plans to expand the services to Europe
and Oceania **after** 2021.

> **直し** The company plans to expand the services to Europe
and Oceania **from** 2021.

〔解説〕after 2021 とすると，2021 年は含まれない。「2021 年以降」は，
「2021 年から始まって引き続きその後も」という意味。

⑨ 「…年後」，「…年間」

> **原文** 同社は**数年後**に売上高 30 億円を目指す。

> **訳例** The company plans to boost sales to ￥3 billion **after sev-
eral years**.

> **直し** The company plans to boost sales to ￥3 billion **in sever-
al years**.

〔解説〕「…後」の英訳は時制によって異なる。「**丸ビル完成 2 年後に**関東
大震災が東京を襲った」の場合は，過去の出来事なので，two years
after the Marunouchi Building was completed とする。「同社は**数
年後**に売上高 30 億円を目指す」は，「今から数年後」のことで未来につ
いて言及している。こうしたケースでは in を使う。次も同様の間違い。

原文　**3 年後**の売り上げは 4 億 8,000 万円の見込み。

訳例　Annual sales are expected to reach ￥480 million **after three years**.

直し　Annual sales are expected to reach ￥480 million **in three years**.

原文　同社は**今後 5 年間で** 100 億円の売り上げを見込む。

訳例　The company projects sales of ￥10 billion **in five years**.

直し　The company projects total sales of ￥10 billion **over the next five years**.

〔解説〕直前の事例で紹介したように in five years は「5 年後」の意味。「5 年間で」は 5 年の「期間」を表わしており，over the next five years が正しい。

　　原文　の「今後 5 年間で 100 億円の売り上げ」は「合計した売上高が 100 億円」になるということだから，**直し**　のように total を挿入して total sales とした方が誤解の余地がない。**訳例**　の sales of …in five years だと「5 年後の（年間）売上高が 100 億円」と誤解される恐れがある。

原文　約**半年後**に指数が 100 ％に近づく可能性が大きい。

訳例　The index will possibly come close to 100 ％ about **six months later**.

直し　The index will possibly come close to 100 percent **in about six months**.

〔解説〕**訳例**　では later の使い方を間違えた。「A さんに初めて会ったのは 2015 年 5 月のことで，その**半年後**に彼は渡米した」のような過去の出来事については six months later が使える。

原文　A 社は**今後 3 年間で**研究開発スタッフを 120 人から 160 人に増員する。

訳例　Company A plans to raise the number of R&D personnel from 120 to 160 **for three years**.

> **直し** Company A plans to increase its R&D staff from 120 to 160 **over the next three years.**

〔解説〕for three years は「（継続した）3年間」。「英語を3年間勉強した」というような場合に使う。「今後3年間で」は「3年の期間，3年がかりで」の意味。over the next three years が正しい。

> **原文** 同社の5月の携帯電話の新規加入者数は20万台で，**前月比1万台減**だった。
> **訳例** The company totaled 200,000 subscriptions in May, down 10,000 from **a month ago.**
> **直し** The company got 200,000 mobile phone subscribers in May, down 10,000 from **a month before.**

〔解説〕5月の携帯電話の新規加入者のデータが発表されたのは7月だった。その時点で a month ago とすると，「7月の1カ月前」つまり，6月のことと勘違いされる恐れがある。それを避けるために a month before / a month earlier あるいは the previous month などとする。発表（または翻訳）の時点と対象となった時点との間にズレがある場合，ago と before（または earlier）とを使い分けて時間の前後関係をはっきりさせる。

● 携帯電話などの「加入者」は subscriber という。雑誌や新聞の「定期購読者」と同じだ。「日経の購読者」は a Nikkei subscriber または a subscriber to The Nihon Keizai Shimbun で，前置詞は to となることに注意。

● **原文** では「**新規**加入者」となっているのに，英語では単に subscribers としか翻訳されていない。**new** subscribers でもよいが new に決まっているわけだから，省略しても差し支えない。

10 through と end

> **原文** 3月本決算企業の32％がこれまでに**9月中間決算**を発表し，経常利益は前年同期に比べ42.2％増加していることが分かった。
> **訳例** About one-third of the companies closing full-year accounts on March 31 saw their combined pretax profits in the

current fiscal half **through** September jump 42.2 %.

直し About one-third of firms closing full-year accounts on March 31 saw their combined pretax profits in the fiscal half **ended** Sept. 30 jump 42.2 percent year on year.

〔解説〕 訳例 では「9月中間」を through September と訳し，エディターはこれを Sept. 30 に書き換えた。この新聞記事が掲載されたのは11月であり，9月の中間期からは2カ月が経過している。「過去」の一定期間について触れるときは through ではなく ended。「来年の3月期」（来年3月に終わる1年間）のような場合は in the year through March となり，through が正しい。

　次の事例でも，同様の理由で through が ended に書き直された。ただし，「月曜から金曜まで」のような場合は，過去，未来の時制に関係なく Monday through Friday という。

原文 5月**中間期**の売上高は130億円と前年同期比8％増加したようだ。

訳例 Sales for the six-month period **through** May are projected to have increased 8 % from last year to ¥13 billion.

直し Sales for the six-month period **ended** May 31 are projected to have increased 8 percent from last year to ¥13 billion.

11 「…倍」

原文 新銀行の資本金400億円を**3倍**の1,200億円以上に増資する。

訳例 The new bank will be capitalized at over ¥120 billion, about **three times** as large as its predecessor's.

直し The new bank will be capitalized at over ¥120 billion, more than **three times** its predecessor's.

〔解説〕「…の3倍」といったケースで three times of … と翻訳しているのを見かけるが，この場合の of は不要。 直し を参照。

116

> **原文** 新しいレーザーは赤色レーザーの**約 4 倍の密度**を持った波長を発振できる。

> **訳例** The new laser can emit **four time-finer** wavelength than that of conventional lasers like a red laser.

> **直し** The new laser can produce a wavelength that is **four times finer** than that of conventional red lasers.

〔解説〕「約 4 倍の密度を持った波長」は，まず，波長をあたまに出して「その波長は約 4 倍の密度を持っている」と説明した方が英語らしい言い方だ。 **直し** を参照。すでに，32 ページ以下でも詳しく説明した。

「約 4 倍の密度」を density（密度）ではなく「約 4 分の 1 の細さの波長」と訳したのは技ありという感じ。いずれも言わんとするところは同じである。

> **原文** A 社は店舗の改装費として 2021 年度は 2020 年度の **2 倍**にあたる 146 億円を投入する。

> **訳例** Company A will put aside ￥14.6 billion for the reconstruction work in fiscal 2021. This is **twice as much as** what was set aside for fiscal 2000.

> **直し** （前半省略）That is **twice the amount** spent in fiscal 2020.

〔解説〕 **直し** のように twice the amount とすれば， **訳例** の what was は不要となり，同時に複文を単文に変換できる。

書き直された部分を以下に抜き出してみた。声に出して読んでみると(2)の方がはるかにムダのない，理解しやすい文だということが分かる。

(1) This is twice as much as what was set aside for fiscal 2020.
(2) That is twice the amount spent in fiscal 2020.

❖ **希望**

¶ これで…という**希望**がわいてくる。
  This gives **hope** that ...
¶ 日本の将来には**希望**を持っている。
  I am **hopeful** about Japan's future.

¶ **希望**が少し見えてきた。
There is some **hope** there.
¶ メーカー**希望**小売価格
the [a] manufacturer's **suggested [recommended]** retail price
¶ …にアクセスがよい場所での出店を**希望**している。
I **want** to set up shop near …
¶ その家は**希望**価格で売れた。
The house sold for the full **asking** price.

| 原文 | 希望退職者には通常の退職金の**2.5倍**から**3倍**を支払う予定。 |

| 訳例 | A voluntary retiree will be paid a retirement allowance **2.5 to 3 times as much as** the usual one. |

| 直し | A voluntary retiree will get a severance pay **2.5 to 3 times** normal levels. |

〔解説〕「**通常の退職金**」を the usual one (retirement allowance) と訳して，normal levels (of severance pay) に直された。こういう場合は normal がよい。usual は「習慣性」のものとの関連で使うのに対して，normal は「基準」や「標準」を連想させることばだ。ここでいう「**通常の退職金**」は後者のケースにあたる。

● 「**希望退職**」は voluntary retirement と訳す。「自発的」退職だ。65歳定年のところを50歳で辞めたりすることで，early retirement ともいう。これに対し，「65歳定年」は compulsory retirement at age 65。compulsory は「強制的」という意味で，一部の役員を除いて全員が退職しなければならない年齢だ。

● 「…倍」を英語にするときに … times の後に level を補足するとうまくつながる場合が多い。 直し のように，「通常の（レベル，水準の）退職金」と（ ）の部分を補って考えるわけである。以下の例も level をうまく使っている。

| 原文 | LPG ガスの熱量は**約2倍**に向上する。 |

| 訳例 | The LPG has **twice more** calories. |

| 直し | The LPG will have **twice the level** of calorie. |

〔解説〕 原文 の主語は「LPG ガスの熱量」だが，翻訳では「LPG ガス」を主語にし，「LPG ガスは約 2 倍の熱量を持つことになろう」と発想したのはよかった。

原文 …の国内生産能力は現在，月間 100 万枚と昨年末のほぼ**2 倍**に拡大した。

訳例 Output capacity of … is 1 million units a month, **twice as much as** that at the end of last year.

直し Monthly production capacity for … has grown to 1 million units, **twice the level** at the end of last year.

〔解説〕数量が「100 万枚」のように具体的に計算できるものについては much は使えない。英和辞書の説明を借りれば，much は「不可算名詞の前に付けて，量が多いことを意味する」。酒やワインは不可算名詞だが，この場合は可算名詞だ。

level の使用法については 13-14 ページも参照。

● 「2 倍」は次のように言うこともできる。

原文 （携帯端末のリース料は）通常の電話の倍近い。

訳例 … nearly **double from** that for conventional phones

直し … nearly **double that of** conventional phones

● 訳例 は double from としたが，from は不要。

原文 A 社の営業利益は**4.2 倍**の 130 億円になりそう。

訳例 Company A projects operating profits to increase **4.2 folds** to ¥13 billion.

直し Company A expects its operating profit to increase **4.2-fold** to ¥13 billion.

● fold を「…倍」という意味で使うときは，複数であっても s を付けない。

原文 A 社の 3 月期の連結決算は，純利益が 64 億円と前年比**5.2 倍**に膨らんだ。

| 訳 | Company A posted ¥6.4 billion in consolidated net profit in the year ended March 31, **a 5.2-fold** increase over the previous year.

〔解説〕「連結決算」とは子会社の損益を含めたグループ企業全体の収支状況。consolidated earnings または group earnings という。

| 原文 | 同社は日本向け自動車エンジン部品の輸出を 2025 年に **5 倍**の 50 億円に引き上げる。

| 訳例 | The company plans to supply ¥5 billion worth of engine parts to Japanese automakers in 2025, **five times** of current shipment.

| 直し | The company expects to see sales of engine parts in Japan rise **fivefold** to ¥5 billion in 2025.

● 「5倍」を意味する fivefold は 1 語。切り離したり，ハイフンは不要。

12 「…年連続」

「…連続」も，「…倍」同様，英語の表現は一通りではない。

| 原文 | 生命保険の新規契約高は 2017 年度から 2019 年度まで **3 年連続**で減少した。

| 訳例 | New contracts of life insurance decreased for **three straight years** by fiscal 2019.

| 直し | New contracts of life insurance declined for the **third straight year** in fiscal 2019.

〔解説〕「…連続」の直しで最も多いのがここで取り上げたような例だ。ここでの「3 年連続」は for three straight years ではなく for the third straight year が正しい。基準となる時点がはっきりせず，一般的に「3 年連続」というときには for three straight years で OK だが，ここでは「2019 年度まで 3 年連続」と期間が明示されている。こういうケースでは for the third straight [consecutive] year と書くのがふつう。
　　次も同様のケース。

120

原文 非製造業では 2020 年度の売上は前年度比 2.1％減と **5 年連続して減収になる見込み。**

訳例 Non-manufacturing companies forecast 2.1％ fall in fiscal year 2020 sales **for five years in a row**.

直し Non-manufacturing firms expect a 2.1 percent fall in fiscal 2020 sales **for the fifth consecutive** yearly decline.

〔解説〕対象となる時期が「2020 年度」とはっきりしているので for five years ... ではなく，for the fifth consecutive year となる。

　「…連続」の別の言い方として in a row がある。row は「列」を意味し，in a row は「一列で」，「ひとつのつながりで」となって「連続」を意味する。

原文 2020 年度の売上計画をみると，製造業の主要企業は前年度比平均1.4％増と **2 年連続**して小幅増収になる見通しだ。

訳例 Leading manufacturers project 1.4％ gain in sales in fiscal 2020 for **two straight terms of** modest growth.

直し Major manufacturers expect an average 1.4 percent increase in sales in fiscal 2020 for **the second straight year of** small growth.

〔解説〕ここでも「2020 年度」の売上計画であることが明記されているため，two ではなく second である。

　次の事例は特定の期間に意味があるのではなく，単に「5 年連続」ということなので fifth year とせず，five years でよい。

原文 税収の **5 年連続**の実績割れは戦後初めて。

訳 It is the first time in the postwar period that tax revenues dropped [declined] **for five years running**.

●「…連続」はこの事例のように running を使っても表現できる。

コラム④

人名のローマ字表記

　日本人の「姓名」のローマ字表記は，通例逆転して「名姓」の順番にすることが多い。「田中太郎」は Taro Tanaka であり，「大谷翔平」は Shohei Ohtani である。この習慣は「明治の欧化主義の時代に定着したもの」であると文化庁は説明している。余計な「欧化主義」を取り入れたもので，1 世紀以上たった今になってもそのツケを払わされている。

　中国や韓国では姓名のローマ字表記で日本のようにひっくり返ったりはしない。中国の「習近平」国家主席は中国語の発音をそのままアルファベットに変換して Xi Jinping だ。「近平習 Jinping Xi」ではない。

　それでは，明治から大正時代にかけて活躍した文豪夏目漱石（1867-1916）は Soseki Natsume なのかというと，そうではなく Natsume Soseki が一般的だ。たとえば 2008 年に英国の出版社「ペンギン・ブックス」が翻訳出版した漱石の代表作の 1 つ「草枕」の著者は Natsume Soseki と紹介されている。同時代の森鴎外（1862-1922）も Mori Ogai が多い。

　ところが，同じ作家でもノーベル文学賞を受賞した川端康成（1899-1972）は Yasunari Kawabata と Kawabata Yasunari がほぼ拮抗している。谷崎潤一郎（1886-1965）も同様だ。

　しかし，三島由紀夫（1925-1970）になると逆転の Yukio Mishima が圧倒し，村上春樹（1949-　）でその傾向は一層顕著になる。「歴史上の人物や文学者などに限って姓名順で表記している場合もある」というのが文化庁の説明だ。文学者は例外ということのようだが，その文学者も時代によってローマ字表記が逆転するかどうかはケースバイケースで，どこで時代の線引きするかははっきりしない。徳川家康，豊臣秀吉は「歴史上人物」として異論のないところで，それぞれ Tokugawa Ieyasu, Toyotomi Hideyoshi で決まりだ。逆転はしない。逆転であれどうであれ，これが私の「姓」であることをはっきりさせたければ，その部分をゴシックで大文字にしておけば誤解される心配はない。「田中太郎」は Taro **TANAKA**，または **TANAKA** Taro と表記するわけだ。

　これについて，政府は 2019 年 10 月，「公用文等における日本人の姓

名のローマ字表記については，差し支えのない限り「姓—名」の順を用いることとする」との申し合わせを発表した。最新の英語教科書は，この申し合わせに従っているし，たとえば内閣府も，岸田文雄首相を Prime Minister KISHIDA Fumio と表記するようになった。一方，日本や欧米の英文メディアは相変わらず Fumio Kishida で通している。公文書では KISHIDA Fumio，英文報道では Fumio Kishida の2本立てが近い将来，変わるとは思えない。

第 5 章

省略，言い換え，補足

分かりやすい文章を書くためには presentation をできるだけ簡潔にする必要がある。「不要なものは取り除く」,「重複を避ける」,「1 語で済ませられるものに 2 語も 3 語も費やさない」,「分かりきったことについては言及しない」,といったところが分かりやすい文章を書くためのポイントだ。

① 関係代名詞

それでは,どういうものが不要なのかというと,その筆頭は,どうやら,関係代名詞と接続詞の that のようだ。確かに,日本人の英語翻訳にはこのふたつが頻繁に登場する。「…するところの…」,「that 以下の…」というもので,これがないと文がうまくつながらなくて落ち着かない感じになるのであるが,英語を母国語とするひとたちに言わせれば,関係代名詞と that の多用は「じゃま」で「わずらわしい」以外のなにものでもないらしい。一例をあげる。

原文 日本企業で…に参加するのは,メーカーでは A 社が初めてで,参加できるよう米ベンチャー 2 社に資本参加する。

訳例 Company A, **which will be** the first Japanese manufacturer to take part in …, will invest in two U.S. venture companies.

直し Company A, the first Japanese manufacturer to take part in …, will invest in two U.S. start-ups.

〔解説〕この事例では,**訳例** 1 行目の which will be はカットしても支障ないし,ない方がむしろスッキリする。

　以下の例でも太字部分の関係代名詞は必要ない。

原文 同社は,近年通話量が急拡大している中国向けなども値下げしていく。

訳例 The company plans to discount charges for China, **which** is one of the most growing areas.

直し The company also plans to discount rates for China, one of the fastest growing markets.

〔解説〕「急拡大している」を 訳例 では most growing と翻訳した。「伸びが最も大きい」と言いたかったのだろうが，ちょっと舌足らず。 直し では fastest growing とした。「近年」は訳さなくても意味は通じる。 訳例 ， 直し のいずれも「通話量」を訳していない。KDD の話なので国際電話のことだということは簡単に想像がつくと判断したのだろう。「通話量」を翻訳したければ，「国際通信の通話量」と考えて the fastest growing **international telecommunications** markets と，太字の部分を補う。

● 「国際通話**料金**」は charges よりも rates を使った方がよいことはすでに指摘した。

▶「…は初めて」

> 原文 調査開始（2000 年度）以来，**初めて 3 部門とも**研究費が前年度を下回った。
>
> 訳例 It was **the first year in which** research spending dropped in all the three categories.
>
> 直し It was **the first time**（**that**）research spending dropped in all three categories since surveys began in fiscal 2000.

〔解説〕 訳例 の in which は削除可。 直し の太字部分の that はあっても，なくてもよい。

「初めて…する」，「…は初めて」の翻訳もエディターがよく書き直す。この事例では It was the first year ... が，It was the first time ... に変わった。

類似例は以下を参照。

> 原文 1992 年 1 月の証取法改正で禁じられた損失補てんで**起訴されたのは今回が初めて**。
>
> 訳例 **This is the first charge** filed on stock trade reimbursement since the 1992 revision to the Securities and Exchange Law.

> **直し** This is the first time charges have been filed for stock trading reimbursement since the January 1992 revision to the Securities and Exchange Law.

〔解説〕まず，This (It) is the first time ... と書き起こし，その後に「…は初めて」の内容を付け加える，というのが基本的なパターン。

● 「損失補てん」とは株の売買で発生した顧客の損失を証券会社などが穴埋めすること。この例文に登場する reimbursement は「払戻し」，「弁償」，「弁済」の意味。「穴埋め」のニュアンスを出したければ compensate for stock investment losses が一案。make up for も compensate for と同義。

● 「証取法」は「証券取引法」のことで，「証取法（の）改正」は revision **to** the Securities and Exchange Law となり，前置詞は to をとる。「…の」に引かれて of を使う翻訳者がいるが，間違い。同じく「改正」，「修正」を意味する amendment も an amendment **to** the Constitution（憲法改正）のように **to** と結合する。

> **原文** ITC グループのアパレル製品が**輸入されたのは初めて**。
> **訳例** It is the first import of apparel products from the ITC group.
> **直し** This is the first time ITC group apparel has been imported.

● apparel だけでアパレル製品の意味があるので，apparel products にする必要はない。clothing（衣類）と同じく集合名詞で，複数形にしない。

This (It) is the first time ... を使わない「…は初めて」の言い回しも，次の例に見られるように，可能だ。

> **参考** 写真フィルム業界で生産協力を含む**提携は初めて**。
> **訳** This is the first such collaboration involving production in the photo film industry.

> **原文** 市場経済体制へ移行している旧東欧諸国
> **訳例** former East European countries **which are** amid in a transition to a market economy

> 直し　former East European countries now shifting toward market economies

〔解説〕 訳例 の which are を取り除き， 直し の ... now shifting ... に置き換えた方が文の流れがスムーズになる。

> 原文　防衛省は総額 25 兆 7,200 億円（平均伸び率 2.8 ％）とする（防衛計画）予算の素案を打ち出した。

> 訳例　The Ministry of Defense sought ¥25.72 trillion in budget, **which** translates into average yearly growth of 2.8 %.

> 直し　The Ministry of Defense has called for a budget of ¥25.72 trillion or an average yearly growth of 2.8 percent.

〔解説〕 訳例 の translate into は「言い換えれば」というほどの意味だが， 直し のように or だけで済む。or は「平均伸び率としては」の「としては」にあたる。

● 「予算の**素案**」をきちんと訳せば，a draft budget または a budget proposal とか a budget request でもよい。

> 原文　…は，世界初のガソリン・オプションを上場する方針だ。

> 訳例　... **is planning** to list gasoline options contracts, **which will be** the first in the world.

> 直し　... **plans** to be the first market to list gasoline options contracts.

〔解説〕 訳例 の which will be ... は不要で， 直し のように plans to be the first ... のなかに取り込むことができる。これで複文が単文に転換された。分かりやすさという観点からは，文の構造はできるだけ簡単な方がよい。複文の単文転換については 153 ページ以降を参照。

● 訳例 の is planning が plans に直された。そのわけについてはすでに触れた。62 ページを参照。

> 原文　ミズノは海外市場向けの新製品情報を流すホームページの認知度を高める。

〔訳例〕Mizuno Corp. plans to publicize its home page **which advertises** the company's new products for overseas markets.

〔直し〕Mizuno Corp. plans to make its website better known **for advertising** its new products for overseas markets.

〔解説〕which advertises ... を for advertising に変えた。〔原文〕がふたつの文から構成されているのに対し，〔訳例〕と〔直し〕ではひとつにまとめられている。一般的には，短い文の方が分かりやすいと言えるが，ケース・バイ・ケースだ。

❖ 認知度，知名度

¶ 同社の日本における**知名度**は低い。
The company is little **known** in Japan.

¶ トヨタやソニーといった**知名度**の高い企業
household names like Toyota and Sony

¶ 製品の**認知度**を高める絶好のチャンス
a golden opportunity to enhance the **visibility** of the product

¶ ラーメンによってその町は**知名度**が出てきた。
Ramen has **put the town on the map**.

¶ 同社は**知名度**を上げるべくがんばっている。
The company is working hard to **build a name for itself**.

〔原文〕A 社は構造改革計画を推進するため，プロジェクトチームを設置して，行動計画を策定する。

〔訳例〕Company A will set up a project team to draw up action plans **that enable** the ongoing restructuring efforts to complete successfully.

〔直し〕Company A will set up a project team to draw up action plans **enabling** the firm to complete its ongoing restructuring efforts.

〔解説〕〔訳例〕の enable を ing 形にすれば，関係代名詞の that は不要になり，ここでも複文を単文に「構造改革」できた。

● enable の後には「構造改革計画」ではなく「A 社」を置いて，「A 社が構造改革計画を**推進できるよう**」というパターンで使う。

● 「構造改革計画を推進する」を successfully complete its ongoing restructuring efforts と訳した。「構造改革計画がうまくいくように，成功するように」という意味で，「推進」を受けて promotion と訳すよりはベターだ。

次のケースでは所有格の関係代名詞を削除した。

> **原文** 携帯電話向けに需要が高まっているニッカド電池の新工場を建設する
>
> **訳例** build a plant to increase production of nickel-cadmium batteries, **whose demand** is on increase for use in cellular phones
>
> **直し** build a plant to make nickel-cadmium batteries **to keep up with surging demand** for the products used in mobile phones

② 関係代名詞が必要な場合

関係代名詞の多用は避けるべきだし，省略できるところは省略するとして，使った方がよいとエディターが判断するケースももちろんある。

> **原文** 公正取引委員会は持ち株会社の部分解禁を盛り込んだ報告書を発表，4 類型の持ち株会社を認めると明記した。
>
> **訳例** The Fair Trade Commission unveiled a proposal to partially lift the ban on holding companies. The proposal envisages four types of such companies.
>
> **直し** The Fair Trade Commission unveiled a proposal to partially lift the ban on holding companies, **which** refers to four types of such companies.

〔解説〕関係代名詞はまさにこういう時のために使いなさいというモデルケース。which で受けているのは proposal。

　一般的には，複文より単文で表現した方が分かりやすいが，この事例のように逆のケースもある。

130

> **原文** 衛星1基を打ち上げ，パキスタンから日本，中国からインドネシアまでのアジア全域をカバーする
> **訳例** launch a satellite **covering** all of Asia **ranging** from Pakistan to Japan, and from China to Indonesia
> **直し** launch a satellite **that** will cover nearly all of Asia, from Pakistan to Japan, and from China to Indonesia

〔解説〕 **訳例** では covering ／ ranging と現在分詞が2カ所に出てくる。これは複文を単文に変換するための有力な道具なのだが，多用は無用。関係代名詞（この場合は that）を使うと，現在分詞の一つ covering を取り除くことができる。ranging は不要。

> **原文** 日米財界人会議の日本側窓口である日米経済協議会と米国側窓口の米日経済協議会は…
> **訳例** The Japan-U.S. Economic Council, the Japanese representative group to the Japan-U.S. Business Conference, and its U.S. counterpart ...
> **直し** The Japan-U.S. Economic Council, **which** represents Japan at the Japan-U.S. Business Conference, and its U.S. counterpart ...

〔解説〕 **訳例** のような名詞の羅列は名詞のつながりがはっきりしないので分かりにくい。「日米経済協議会」が「日本側窓口」であることを明確にするには，両者の間に関係代名詞（which）をはさむ必要がある。類似例をもう一つ。

> **原文** 両証券会社は中小企業の債券発行ニーズの取り込みを狙っている。
> **訳例** The two companies are planning to tap small **companies interested** in bond issues.
> **直し** The two securities houses plan to tap small **companies that are interested** in bond issues.

● 中小企業は small and midsize companies ということが多いが, small (smaller) companies (businesses) だけでもよい。

〔解説〕　訳例　で，一つの文に companies が 2 回出てくるのが気にな
る。英語の writing では，同じことばを同一文のなかで繰り返し使うの
はできるだけ避けるべきだとされる。この事例では，主語になっている
会社が「証券会社」だったので最初の companies を securities houses
に言い換えた。「証券会社」は単数でも a securities house。
　　こうした言い換えは頻繁に観察される。以下の例を参照。

③ 言い換え

> 原文　A 氏が 112 万 12 票を**獲得した**のに対し，B 氏は 56 万 6,998
> 票に**とどまった**。
> 訳例　A **had** 1,120,012 votes while B **had** 566,998 votes.
> 直し　A **won** 1,120,012 votes while B **received** 566,998.

〔解説〕　訳例　で had を 2 度も繰り返して使っているのは工夫が足りな
い。原文　でも「獲得した」と「とどまった」に使い分けている。
直し　では had を全く使わずに，won と received で「得票した」，
「とどまった」を表現した。won, received 以外には got や obtained
も使えそうだ。
　　B 氏の得票は数字だけで，votes は省略可。直し　を参照。
566,998 という数字が得票数だということがはっきりしているからだ。

> 原文　（日経平均株価が 11 ％上昇したため，）保有株式の時価が**値上
> がり**した。
> 訳例　The **rise** is attributed to **an 11 ％ rise** in prices of the se-
> curities.
> 直し　The **increase** is attributed to **an 11 percent rise** in pric-
> es of securities.

〔解説〕　原文　にある「上昇」，「値上がり」を　直し　では rise と in-
crease で表現した。訳例　の rise の繰り返しは避けた方がよい。
　　次の事例では「減」を 3 通りに表現した。

132

> **原文** トヨタ自動車（の販売）は（前年同月比）4.9％減，日産自動車も 2.0％減，三菱自動車は 11.7％減と落ち込んだ。

> **訳** Toyota Motor Corp. saw a 4.9 percent sales **decline**, while Nissan Motor Co.'s sales **fell** 2.0 percent. Mitsubishi Motors' sales **dropped** 11.7 percent.

> **原文** A 社などシンガポール 2 社と中国の 4 社は…を開始する。

> **訳例** Two Singapore **firms** including A and four Chinese **firms** plan to launch ...

> **直し** Two Singapore **firms**, including A, and four Chinese **companies** plan to launch ...

〔解説〕「企業」を firms と companies に書き分けた。

> **原文** 7-9 月期の業況判断指数（DI）は，**マイナス** 4 と 3 期連続の**マイナス**となった。

> **訳例** The diffusion index for the July-September quarter stood at **minus** 4, marking a **minus** figure for three straight quarters.

> **直し** The diffusion index for the July-September quarter stood at **minus** 4, marking a **negative** figure for the third consecutive quarter.

〔解説〕negative には「否定的」のほかに，「マイナス」の意味もある。景気後退で negative growth と言えば「マイナス成長」のこと。sub-zero も「マイナス」を意味するが，気温を表示するときに使うことが多い。

　「3 期**連続**」も for three straight quarters から for the third consecutive quarter に書き直された。その理由は 119-120 ページで説明した。

> **原文** 資産の価格**変動**によって，企業の元利金返済能力が**変化する**可能性

> **訳例** the possibility that a company's ability to pay back the principal may **change** according to **changes** in asset prices

> **直し** the possibility that a company's ability to repay the principal may **change** according to **fluctuations** in asset prices

〔解説〕 **訳例** では「変動」と「変化する」をいずれも change と訳した。重複を避けるために， **直し** では後者の changes を fluctuations に変えた。fluctuation は単なる変化ではなく，「不安定かつ不規則な変動」を意味する。株価や不動産の価格の動きを表現するのに適している。

● ローンの「返済」は pay back, repay のいずれも可。

> **原文** 政府は公共事業の 75％を上半期に**前倒し**する。
> **訳例** The government plans to **frontload** 75％ of public works projects in the first half of the year.
> **直し** The government plans to **bring forward** 75 percent of public works projects to the first half of the year.

〔解説〕「前倒し」の英訳として最もひんぱんに使われるのは frontload だ。1 年を通してならして執行するのではなく，9 月までの半年間に公共事業の 75％を実施して景気のてこ入れを図ろうというものだ。

❖ 前倒し
¶ …の日程を**前倒し**する
　move up the date of ...
¶ 事業のスケジュールを**前倒し**する
　speed up the project's timetable
¶ 当社は**前倒し**で目標を達成できそうだ。
　We are on track to meet the goal **ahead of schedule**.
¶ 総選挙を**前倒し**する
　hold an **early** general election

❖ 後ろ倒し
¶ 関税撤廃を最大限に**後ろ倒し**する
　phase out the tariff over the longest period possible
¶ 企業に対して採用活動を 3 カ月**後ろ倒し**するよう要請する
　ask companies to **delay [postpone]** the recruiting process for

three months

¶計画の実施を 2020 年から 2021 年に**後ろ倒し**する

push back the plan from 2020 to 2021

[原文] …は米国**ユーザー**に合わせた丸みを帯びたデザインが日本では賛否両論を呼んだ。

[訳例] …has a streamlined body designed in line with the taste of U.S. **users**, receiving mixed reaction from Japanese **users**.

[直し] …has a rounded body designed to suit the tastes of U.S. **consumers**, getting a mixed reaction from Japanese **users**.

〔解説〕[訳例]は users を繰り返し使用した。最初の users を[直し]では consumers（消費者）に差し替えた。

● 「賛否両論」を和英辞典からの引き写しではなく，内容をくみ取って a mixed reaction と訳したのはうまい。丸みのあるデザインが気に入った人と，反発した人がいたというわけだ。「丸みのある」を[訳例]では streamlined とした。これは流線型で，新幹線の車両のように先端がとがった形をしているものを指す。「丸みのある」は[直し]のように rounded body がよい。

● 「米国ユーザーに合わせた」を「米国ユーザー（の**好み**）に合わせた」と（　）の部分を補って英文をつくったのもよかった。ただし，米国人の好みも多種多様だから the taste ではなく，the tastes と複数にしたい。

[原文] …は，ベトナム**最大**の保険会社バオベトと英国**最大**の保険会社コマーシャル・ユニオンの 2 社と合弁で現地に保険会社を設立する。

[訳例] …will set up an insurance company in Vietnam jointly with Bao Viet, the country's **largest** insurer, and Commercial Union Assurance Co., the U.K.'s **largest** insurance firm.

[直し]（前略）…Bao Viet, the country's **largest** insurer, and Commercial Union Assurance Co., the U.K.'s **biggest** insurance company.

〔解説〕「最大の」を largest と biggest に書き分けた。置き換えとしては最もかんたんな事例。

> **原文** 　2020 年の輸入車販売**台数**は前年比 28.8 ％増の 388,162 **台**と過去最高を記録した。

> **訳例** 　Imported **vehicle** sales in 2020 rose 28.8 ％ over the previous year to a record high 388,162 **vehicles**.

> **直し** 　Imported **vehicle** sales in 2020 jumped 28.8 percent from the previous year to a record of 388,162 **units**.

〔解説〕「台数」を意味する vehicles のダブリを避け，units を使用した。

● car は通常「乗用車」を指す。「乗用車を含む自動車全体」については vehicle あるいは automobile を使う。

> **原文** 　A 社は課長級約 400 人に 1 人 1 台のパソコンを，B 社も部長級以上 120 人にパソコンを配備する。

> **訳例** 　A will **provide** 400 personal computers to section chiefs while B will **provide** 120 PCs to managers.

> **直し** 　A will **provide** all 400 section chiefs with personal computers, while B will **supply** 120 PCs to managers.

〔解説〕provide の繰り返しを避けるために **直し** の後段では supply を使った。

●「支給する」という意味の provide は，「パソコンを課長に支給する」ではなく，「課長にパソコンを支給する」という形で使うことが多く，provide ...**with** personal computers となって，with を挿入する。

> **原文** 　新工場は 2020 年半ばに**着工**し，2022 年中に生産を**開始する**。

> **訳例** 　The construction will **start** in the middle of 2020, and the production will **start** during 2022.

> **直し** 　Construction will **start** in the middle of 2020, and production will **commence** in 2022.

〔解説〕 **直し** の commence はちょっと古めかしい感じはするが start と同じ，「始める，開始する」。commence には「学位を授ける」という意味もあり，名詞の commencement は「学位の授与式」，つまり「（大学の）卒業式」となる。

　　同一文内での同じことばの反復使用はほぼ不可と言えるが，同一文で

なくても，文が接近している場合には，同一語の使用を嫌う傾向が英語には強い。例文を示す。

> **原文** スーパーの売り上げは3.9％減で，8カ月連続のマイナス。主力の飲・食料品の売り上げが**減った**のが大きかった。
> **訳例** Supermarkets saw sales fall 3.9％ for the eighth straight month of **decline**. The decline was blamed on a drop in sales of food and beverages.
> **直し** Supermarkets saw their sales fall 3.9 percent for the eighth straight month of **decline**. The **fall** was blamed on a **drop** in sales of food and beverages.

〔解説〕初めの文の「減」と，それに続く文の「減った」を **訳例** ではいずれも decline と訳した。 **直し** では2番目の decline を fall に差し替えた。「減った」をさらに使い分けるために，decline や fall 以外に drop も登場している。

　言い換えの事例として取り上げたが，このケースでは decline を fall に変える必要はなかったようだ。次のように，2番目の文を this で始める(a)，関係代名詞で2つの文を接続する(b)にした方がよかったかもしれない。

　　(a)...for the eighth straight month of decline. This was blamed on a ...

　　(b) ...for the eighth straight month of decline, which was blamed on a ...

> **原文** A社はB社と**業務提携**する。提携により両社は…
> **訳例** A will **tie up** with B in **business operations**. Under the **tie-up**, they ...
> **直し** A will go into **business partnership** with B. Under the **tie-up**, they ...

〔解説〕tie up (tie-up) の重複を避けて，前半では go into partnership with ... に言い換えた。

❖ 提携

¶ A 社は B 社と**提携**した。
A has **partnered [teamed up]** with B.

¶ 当社の事業**提携**先
our business **partners**

¶ A 社は B 社と**提携**関係にある。
A has a **partnership** [an **alliance**] with B.

¶ 両社が**提携**し…を設立した。
The two companies **came together** to set up [to form] ...

¶ …と提携する
join hands with ...

> **原文** 　12 月の先行指数が 80 ％に**なった**のは 8 年**ぶり**。一致指数は 2 カ月**ぶり**に 50 ％を**超えた**。

> **訳例** 　The leading index **reached** 80 ％ in December **for the first time** in eight years. The coincident index **reached above** 50 ％ **for the first time** in two months.

> **直し** 　The leading diffusion index **reached** 80 percent in December **for the first time** in eight years. The coincident index **exceeded** 50 percent **after falling below that level in November.**

〔解説〕景気動向指数のうち，数カ月から半年程度先の景況を示す「先行指数」は leading diffusion index（which reflects the business outlook for up to the coming six months），足元の景況を示す「一致指数」は coincident index と言う。

● **原文** で 2 度使われている「…ぶり」を **訳例** ではいずれも for the first time と表現したのに対し， **直し** では「2 カ月ぶり」を after falling below that level in November に変えた。「11 月は 50 ％を割ったが（12 月は 50 ％を回復した）」ということで，「10 月以来 2 カ月ぶり」と同じ意味になる。

④ 接続詞の that

接続詞の that も不要と判断されることが多い。ただし，コピーエディ

138

ターによって見解は必ずしも一致しない。以下のケースではいずれも
that が削除されたが，残しておくエディターもいる。

原文 > その問題を早期に決着させる必要があると（日本の金融機関
は）判断した。

訳例 > They believe **that** they have to settle the issue as soon
as possible.

直し > They.believe ∧ they must settle the issue as soon as pos-
sible.

原文 > 3月期の経常利益は両社とも過去最高を更新する見通しだ。

訳例 > The analysts forecast **that** the two companies will possi-
bly see their pretax profits set **record high** for the year ending
March 31.

直し > The analysts forecast ∧ the two companies will possibly
see pretax profits rise to **record highs** for the year ending
March.

● **直し** にある **record highs** の highs は名詞で「最高（記録）」の意味。「両
　社とも過去最高」なので highs と複数にする。
● 「更新する見通しだ」は「アナリストがそのようにみている」と訳した。

原文 > （総務省は）「規制緩和は順調に進められている」とみている。

訳例 > The ministry believes **that** deregulation has been imple-
mented as planned.

直し > The ministry claims ∧ deregulation is on schedule.

原文 > A社は台湾のタイヤメーカーの中国法人の増資を引き受ける
と発表した。出資比率は30％。

訳例 > Company A announced **that** it will acquire a 30％ stake
in a Chinese unit of the Taiwan tire maker.

直し > Company A announced ∧ it will acquire a 30 percent
stake in the Chinese unit of the Taiwan tire manufacturer.

● stake はばくちの「賭け金」。企業の関連では，「株式保有の割合」，つまり「出資比率」を意味する。at stake は「賭の対象になっている，危機に直面している」。My reputation is at stake. と言えば，「自分の名声が危うくなっている」こと。

● 日本語では「製造業（企業）」のことを「メーカー」とよく言う。英語では maker より manufacturer が好まれる。あたまに tire をつけて a tire maker のように使うのは可。

▶「現行より」，「現在より」

> **原文** 後継モデルは**現行型より**ボディーサイズを大型化して室内も広げ，対欧輸出に乗り出す。
>
> **訳例** The successor model to the one made by (Company A) will have **larger** body **than the current model**.
>
> **直し** The new model will have **a larger body** and is targeted at the European market.

〔解説〕 **訳例** の「現行型より」(than the current model) の部分が **直し** ではカットされた。これは，どの型と比較して新型車の車体が大きいかが明白だからだ。分かりきったことは書く必要がない，という例である。ただし，書いても間違いではない。以下も同様。

●「後継モデル」は the successor model より the new model の方が分かりやすい。日本語の「後継」にこだわらなくてもよい。

> **原文** 地価税の税率を**現行**の 0.3％から 0.2％へ引き下げる
>
> **訳例** reduce land holding tax to 0.2％ from the **current** 0.3％
>
> **直し** reduce [lower, cut] the land-holding tax rate from 0.3 percent to 0.2 percent

〔解説〕この事例でも「現行の」にあたる the current が削られた。この部分はあってもなくてもよい。

> **原文** お中元の平均単価は前年並みという店が多いが，1 人当たりの注文件数が**前年を**下回っている。

> **訳例** While the unit price of summer gifts is almost unchanged from last summer's, the number of gift orders placed by each customer is smaller **than the year-earlier level.**

> **直し** While prices of summer gifts are almost unchanged from last summer, the number of gift orders placed by each customer has decreased.

〔解説〕昨年の夏との比較であることは　**訳例**　の from last summer から自明なので，太字部分の than the year-earlier level は必要ない。

> **原文** 長野県に**建設中の**工場

> **訳例** a factory **currently under construction** in Nagano Prefecture

> **直し** a factory **under construction** in Nagano Prefecture

〔解説〕under は「…中」を意味し，under examination と言えば「調査中，検査中」，under repair は「修理中」。currently も「現在，目下のところ」で，**currently** under construction の currently は不要。

> **原文** 首相は**日米自動車交渉で**指導力を発揮した。

> **訳例** The prime minister displayed his leadership in **the bilateral auto trade talks with the U.S.**

> **直し** The prime minister displayed his leadership in **the auto trade talks with the U.S.**

〔解説〕bilateral は「2国間の」だが，この場合は日米両国間の交渉だということははっきりしているので bilateral を使うとダブリになる。

● 「日米自動車交渉」は「自動車（貿易）交渉」なので，英訳は auto **trade** talks とする。

▶ 「新設」

「馬から落ちて落馬して…」の類は以下の例でも観察できる。

> **原文** 製造企画部を**新設する**

> **訳例** set up a **new** production planning division

> **直し**　set up a production planning division

〔解説〕英語の set up には「（新たに）つくる，設立する」の意味が込められているので，a **new** production design division の new は省いてもよい。

> **原文**　A 社は**新たに**パソコン 1,550 台を**導入する**。

> **訳例**　Company A will **newly** introduce 1,550 personal computers.

> **直し**　Company A will introduce 1,550 personal computers.

〔解説〕「新たに」を newly と翻訳すると **原文** の意味が正確に伝わらない。ここで言いたいのは，「すでにパソコンを導入しているが，**新たに…**」ということだから，**an additional** 1,550 personal computers とか 1,550 **more** personal computers とすべきだ。

　直し では newly を削除したが，これだけでは問題を解決したことにはならない。

5 所有格

　日本人の和文英訳に関係代名詞と接続詞の that が多用されていることはすでに指摘したが，所有関係を表わす its，their のたぐいも使い過ぎが目立つ。所有関係が明確になっている文脈，または所有関係を明確にする必要のない文脈で its や their を使うと「くどい」という印象を与える。次の例文の their は確かに「くどい」と思う。

> **原文**　不良債権処理の対応で，都市銀行各行の横並び姿勢は崩れてきた。

> **訳例**　City banks have shown **their** different stances in dealing with **their** bad loans.

> **直し**　City banks have used different methods to deal with bad loans.

〔解説〕「横並び姿勢は崩れてきた」を「**異なった方法**で処理するようにな

ってきた」と言い換えて翻訳した。 ⟨ 直し ⟩では different **methods** としているが，different **approaches** の方がぴったりする。

❖ 横並び

¶ 日本企業を支配する**横並び**の文化

the dominance of **herd mentality** in Japanese companies

* herd は「(動物の) 群れ」

¶ 大手銀行は**横並び**で金利を引き上げた。

All big banks **acted in unison** to raise interest rates.

¶ 3 社は**横並び**で同じ日に株主総会を開催した。

The three companies **held** annual shareholder meetings on the same day.

¶ 他社も同調し**横並び**になった。

All other companies **followed**（suit）.

⟨ 原文 ⟩ A 社の経常利益は過去最高を更新する見通しだ。

⟨ 訳例 ⟩ Company A will possibly see **its** pretax profit set a record high.

⟨ 直し ⟩ Company A is expected to see pretax profit top the previous high.

〔解説〕この場合の its は必要だとみるエディターもいて，意見は分かれる。「過去最高を更新する」の訳として，⟨ 訳例 ⟩の to set a record high（過去最高を記録する）でも間違いではない。ただ，「更新する」は「従来の記録を上回る」という意味だから，そのニュアンスを出そうとすれば top [exceed] the previous high の方が正確だし，rise to another high としてもよいだろう。another に「更新する」の意味が込められている。

⟨ 原文 ⟩ 財務省は，両銀行に信託子会社設立を認可する。

⟨ 訳例 ⟩ The Ministry of Finance will approve applications from the two banks to set up **their** trust units.

⟨ 直し ⟩ The Ministry of Finance will approve applications from the two banks to set up trust units.

> **原文** 〉大手企業は借入金の圧縮を進めている。
>
> **訳例** 〉Major companies have been striving to reduce **their** borrowings.
>
> **直し** 〉Major corporations have been striving to reduce borrowings.

〔解説〕上記2例は their を使わなくても所有関係がはっきりしているケースと考えることができる。この項の最初の事例「不良債権処理」の **訳例** 〉と **直し** 〉を参照されたい。

▶所有格が必要なケースも

所有格を必要とするケースももちろんある。以下は，所有格を使うべきところを落としたり，a や the にした事例である。

> **原文** 〉5つの有力格付け機関は，日本企業が発行した長期債のうち77企業の分について格付けを引き上げた。
>
> **訳例** 〉Five leading rating agencies raised **the** ratings of bonds issued by 77 Japanese companies.
>
> **直し** 〉Five leading rating agencies raised **their** ratings on long-term bonds issued by 77 Japanese companies.

〔解説〕 **訳例** 〉の the を their に変更。格付けは格付け機関の独自の判断で実施するものであるから，所有格を使うのが妥当。

> **原文** 〉日本企業での外国人の持ち株比率が上昇している。
>
> **訳例** 〉Foreign investors are boosting ∧ equity investment in Japanese corporations.
>
> **直し** 〉Foreigners are boosting **their** equity investment in Japanese corporations.

〔解説〕 **訳例** 〉は Foreign **investors** are ... **investment** となっていて，一種のダブリ感を与えるので， **直し** 〉では investors を削除して foreigners とした。

原文▷ 日産自動車は，小型車「セントラ」の生産を米国からメキシコの子会社に全量移管する。

訳例▷ Nissan Motor Co. will transfer all production of its compact passenger car Sentra from the U.S. to **a** Mexican manufacturing unit.

直し▷ Nissan Motor Co. will transfer the production of the Sentra subcompact from the U.S. to **its** Mexican manufacturing unit.

〔解説〕 **訳例**▷ の a Mexican manufacturing unit だと，その会社が日産自動車の所有するものかどうかがはっきりしないため，ここでは its でなければならない。It's **a** book. と It's **my** book. の違いを考えれば容易に理解できる。

● 「小型車」は a subcompact と言う。このクラスの代表的な車種としてはトヨタのカローラが有名。2,000cc クラスで，日本で「中型車」と呼んでいるものは a compact という。

原文▷ 三菱地所は（同社所有のビルのうち）丸の内ビルヂングをすでに建て替えた。

訳例▷ Mitsubishi Estate already rebuilt **the** Marunouchi Building.

直し▷ Mitsubishi Estate already rebuilt **its** Marunouchi Building.

〔解説〕丸の内ビルヂング（通称・丸ビル）の所有者は三菱地所である。 **訳例**▷ では所有関係がはっきりしない。

原文▷ 同銀行はニューヨークとロサンゼルス両支店を閉鎖した。

訳例▷ The bank has closed down two branches in New York and Los Angeles.

直し▷ The bank has closed **its** New York and Los Angeles branches.

〔解説〕the と its の取り違えは会社などの「創立…周年」の翻訳によくみられる。以下の2例はそうしたケースだ。

> **原文**　（同社の）**創業 120 周年**を記念して
> **訳例**　in commemoration of **the 120th anniversary of its foundation**
> **直し**　in commemoration of **its 120th anniversary**

〔解説〕「…周年」のアタマに付けるのは the ではなく its で，「創業」にあたる foundation / establishment は anniversary に含まれているので省略できる。

❖ **閉鎖**

¶ 映画館は**閉鎖**され，跡地にはホテルが建設される。
The movie theater was **closed** to make way for a hotel.
¶ 台風で空港が**閉鎖**された。
The typhoon **shut down** the airport.
¶ アカウントを**閉鎖**する
close [shut down] an account
¶ 市場は**閉鎖**されている。
The market is **closed**.

> **原文**　同社は**設立 70 周年記念**配 1 円を付ける見込み。
> **訳例**　The company is likely to add ¥1 commemorating **the 70th anniversary of its establishment**.
> **直し**　The company will probably add ¥1 to commemorate **its 70th anniversary**.

> **原文**　両社は，（共同開発した）構造物を耐震補強する**技術**を米国に輸出する。
> **訳例**　The two companies will jointly export ∧ anti-earthquake construction technology to the U.S.
> **直し**　The two companies plan to export **their** quake-resistant construction technology to the U.S.

〔解説〕their technology としないと「自らが共同開発した」というニュアンスが出てこない。

また,「耐震補強する技術」を anti-earthquake construction technology と訳したが, 直し の quake-resistant technology が正しい。

> 原文 ▷ 校舎を**耐震化**する
> 訳 ▷ make the school building **earthquake-resistant**

6 複合語

ふたつの単語がひとつの複合語を形成している日本語を英訳するときにも注意が肝心だ。たとえば,輸入高(量)。これを「輸入の量」と考えて the amount of import と英訳しているケースがよくある。この場合は imports 1 語でよい。import に s を付けることで「輸入高」を意味するからだ。同様に,exports は「輸出高(量)」。1 語で表わせることばには金額や数量に関係するものが多い。

> 原文 ▷ アジア企業の**売上高**は日本や欧米企業に比べると規模はまだ小さい。
> 訳例 ▷ **The size of sales** posted by Asian **companies** is relatively small compared to Japanese and Western **companies**.
> 直し ▷ **The sales** posted by Asian **firms** are relatively small compared with those of Japanese and Western companies.

〔解説〕「売上高」は the size of sales(売上の規模)とせずに sales 1 語で OK。

　また,companies の重複を嫌って, 直し では firms と companies に書き分けた。

> 原文 ▷ **輸入総額**は減少したが,国産品の出荷も落ち込み,そのために輸入品のシェアは高まった。
> 訳例 ▷ **The total amount of imports** decreased but weak domestic shipments allowed the share to hike.
> 直し ▷ **Total imports** decreased but weak domestic shipments pushed up the share.

〔解説〕「輸入総額」は import を複数にする。「出荷量」（shipments）も
同様。「輸出」についても同様で，以下の例を参照。

> **原文** 日本の中国向け**輸出数量**も前年同期に比べ20％程度落ち込む
> と見られる。
> **訳例** **The export volume** from Japan to China will likely fall
> around 20％ from the same period last year.
> **直し** **Exports** from Japan to China will likely decline around
> 20 percent from the same period last year.

> **原文** （東京電力などは LNG）**購入量**を年間合わせて51万トン増や
> し，年間733万トンとすることで合意した。
> **訳例** The companies agreed to raise their **purchase volume**
> by 510,000 tons to 7.33 million tons a year.
> **直し** They agreed to increase their annual **purchases** by
> 510,000 tons to 7.33 million tons.

〔解説〕purchase（購入）を複数形にすれば purchase volume（購入量）
と同じ意味になる。

● **訳例** では「年間」を副詞（a year）として使用したが，**直し** では
annual purchases で形容詞として使っている。「毎年，報告書を出す」を「年
次報告書を出す」と訳すのと同様のケースだ。

> **原文** 財務省は同社の**経営内容**を詳細に調査する必要があると判断し
> た。
> **訳例** The Ministry of Finance has decided to carry out exten-
> sive audits of the operations and **financial condition** of the com-
> pany.
> **直し** The Ministry of Finance has decided to carry out an in-
> depth audit of the company's operations and **finances**.

〔解説〕finance を複数にすると「財務状態，経営状態」の意味になる。

● 「詳細に調査する」を carry out extensive audits と訳した。audit は「監査」。
extensive は横の広がりを持ったことばで，「大がかりな」，「広範な」。「詳細
な」は in-depth がベター。

> **原文** 同社の個人向け保険の**新規契約高**は 3 割増だった。

> **訳例** **The amount of new insurance contracts** with individuals at the company increased 30 %.

> **直し** The company's **new insurance contracts** with individuals rose 30 percent.

〔解説〕この amount も不要。contract（契約）を複数にすると「契約高」の意味を持つ。

　　以下の事例でも **訳例** の太字部分が一部重複しており，関係箇所を省略できる。

> **原文** 農業問題については非公式首脳会議で**合意に至る見通し**だ。

> **訳例** Agreement on the issue of agriculture is **expected to be reached** at an informal summit of the leaders.

> **直し** Agreement on the issue of agriculture is **expected** at an informal summit meeting.

〔解説〕Agreement is expected ...（合意が予想される）は「合意に至る見通し」と同じことであり，Agreement is expected **to be reached at** ... の太字部分は冗長だ。 **直し** にあるように Agreement is expected at ... だけでよい。

> **原文** （調査の）結果は 3 月に**公表する予定**。

> **訳例** Results are **expected to be published** in March.

> **直し** Results are **expected** in March.

〔解説〕このケースも expected のなかに「公表する」が盛り込まれている。「結果」は findings も使える。

> **原文** （自己資本）比率は，金融機関の資産面に生じた損失を補てんするための負担能力を示す**指標である**。

> **訳例** The equity ratio is **an indicator to measure** financial institutions' ability to cover losses incurred in assets.

> **直し** The ratio is **an indicator** of a financial institution's ability to cover losses incurred in assets.

〔解説〕「指標」のなかに「（負担能力を）示す」が組み込まれている。日本語で「健康の［状態を測る］バロメーター」などという場合，［　］の部分を省略するのと似ている。

原文▷ 高齢者と**同居する**2世帯住宅向けに家庭用エレベーターを標準装備した3階建て住宅
訳例▷ a three-story house equipped with elevators, designed mainly for those families **living with** senior people
直し▷ three-story houses equipped with elevators, designed for families **with** older people

〔解説〕「高齢者と同居する」の「同居する」は with で表わせるので living は不要。

❖ **高齢者**
¶ **高齢者**が総人口に占める割合は日本が世界一だ。
Japan has the world's highest percentage of **the elderly**.
¶ 65歳以上の**高齢者**
people aged 65 or older
¶ 増加する独居**高齢者**
an increasing number of **old [elderly] people [senior citizens]** who live alone
¶ **高齢者**の定義を65歳から「75歳以上」に引き上げる
redefine the "**elderly**" age [status] as 75 or older, up from 65
¶ 自宅で孤食する**高齢者**が増えている。
More (and more) **old people** eat alone at home.

原文▷ 南米最大の**自動車市場**であるブラジルでは年間約130万台の需要がある。
訳例▷ Annual **car** demand in Brazil is estimated at 1.3 million units, the largest **auto market** in South America.
直し▷ Annual demand in Brazil is estimated at 1.3 million **vehicles**, the largest in South America.

〔解説〕自動車需要の話で，年間 130 万台販売されて南米最大とくれば，（自動車市場）として「最大」であることは自明なので 訳例 の auto market は省略した。

　同様に，話の流れから判断してクルマに関するということははっきりしているため，annual car demand の car も不要。car は主として「乗用車」。トラック，バスなどをひっくるめて言うときは vehicle を使う。このケースは自動車全体のことを指しており，car より vehicle が適当。

原文 同社の**上場**を東京証券取引所に申請する

訳例 file an application to the Tokyo Stock Exchange for **listing the stock** of the company

直し file an application to the Tokyo Stock Exchange to **list the company**

〔解説〕 訳例 は「株を上場する（listing the stock）」と考えて訳した。「上場」は「株を上場する」ことに決まっているので the stock は必要ない。

原文 調査によると，47％の企業が今後，資金需要が一段と高まると指摘，**48％の企業**がエクイティファイナンスを検討するとしている。

訳例 The survey found **47 % of the companies** expect their demand for funds to increase and **48 % of the firms** said they will consider equity financing.

直し The survey found 47 percent of the companies expect an increase in demand for funds, and 48 percent said they will consider equity financing.

〔解説〕 原文 で「48％の企業」を 48 % of the firms と訳した。しかし，前段ですでに 47 % of the companies と書いてあるので，2 度目の「会社」は省略しても意味は通じる。

> **原文** ▷ 同社は原子力技術センターの要員 **700 人のうち，200 人を**…に移す。
>
> **訳例** ▷ The company plans to transfer 200 **employees out of total 700 workers** in its nuclear engineering center to ...
>
> **直し** ▷ The company plans to transfer **200 out of the 700 employees** at its nuclear engineering center to ...

〔解説〕「要員」（employees / workers）の翻訳のダブリを **直し** では避けた。 **訳例** の workers は不要。 **原文** でも「要員 700 人のうち，200 人（の要員）を…」となっており，「200 人」のあとの「要員」が省かれている。

> **原文** ▷ **灯油需要**は「昨年より 20 ％近く増えている」（灯油販売業者）という。
>
> **訳例** ▷ A kerosene dealer said that **demand for the product** has risen nearly 20 ％ from a year ago.
>
> **直し** ▷ A kerosene dealer said **demand** has risen nearly 20 percent from a year ago.

〔解説〕灯油業者が「需要は 20 ％近く増えている」と言えば何の需要が増えているかいちいち説明しなくてもいいだろう，とエディターは考えた。 **訳例** の said の直後の接続詞 that も取り除いた。

> **原文** ▷ 政府は月曜午前，閣議を**開いて**方針を了承する。
>
> **訳例** ▷ The cabinet is expected to endorse the decision at a meeting **to be held** in Monday morning.
>
> **直し** ▷ The cabinet is expected to endorse the decision at a Monday morning meeting.

〔解説〕「閣議を開いて」の「開いて」にあたる to be held を省略した。日本語でも「月曜午前，閣議を開いて…」を「月曜午前の閣議で…」に簡略化することは可能だ。

● 「了承する」は endorse のほかに approve でもよい。

7 2語より1語

　意味が正しく伝わるなら，2語より1語で表現した方が「簡潔」という観点からは望ましい。

> **原文** 輸入車は2020年には**60万台超**になると試算した。
>
> **訳例** The imported vehicles are estimated to **reach over 600,000 units** in 2020.
>
> **直し** Imported vehicles are estimated to **exceed 600,000 units** in 2020.

〔解説〕「60万台に到達し，さらにそれを超える」という気持ちを込めて reach over としたのだろうが，「…を超える」は exceed 1語で OK だ。「ある数量，割合，予想，記録などを超える」を意味する top も使える。

● 輸入車にはバスやトラックなども含まれるので，cars ではなく vehicles にする。

> **原文** このミニバンは最終的には年間**10万台規模**の生産を目指す。
>
> **訳例** Annual output of this minivan is expected to be **raised** eventually **over 100,000 units**.
>
> **直し** Annual output of the minivan is expected to eventually **exceed 100,000 units**.

〔解説〕「10万台規模」は「10万台を超える」の意味で， **訳例** の to be raised ... over 100,000 units は「10万台以上に引き上げられる」だから翻訳としては正しい。しかし，受動態の文にする必要はないし，exceed 1語で「…以上」の意味を出せる。
　　次の例のように top も使える。

> **原文** 輸入車シェア 2020年には**10％超**（新聞の見出し）
>
> **訳例** Imported car share likely to **rise to over** 10％ by 2020
>
> **直し** Imported car share likely to **top** 10 percent by 2020

〔解説〕top は文字通り「トップになる，1番になる」と「…を上回る，超える，勝る」の2つの意味を持っている。ここは後者のケースで，短

い単語のため新聞の見出しをつくるのに重宝される。

原文　（経営が悪化した）A 社に対し，銀行は 2020 年 6 月から**金利をゼロにして**支援している。

訳例　Banks have been **charging no interest** on their loans to Company A since June 2020.

直し　Banks have **waived** interest on loans to Company A since June 2020.

〔解説〕charging no interest は「金利を請求しない」で，文字通り「金利をゼロにする」の英訳だが，「（権利，要求，主張などを）放棄する，（規則などの適用を）免除する」を意味する waive を使うと 1 語で済む。WTO（World Trade Organization＝世界貿易機関）の前身だった GATT（General Agreement on Tariffs and Trade＝関税と貿易に関する一般協定）には Waiver Clause と呼ばれる条項があり，「自由化義務免除条項」と訳されていた。

8　複文，重文を単文に

　複雑な文より単純な文の方が理解しやすいのは言うまでもない。複雑な文とは，たとえば，2 つ以上の文から構成されている複文や重文がそうで，日本語の原文につられて正直に翻訳しようとすると英語の文も入り組んだ構造になることがある。それをプロのエディターがどのように解きほぐし，分かりやすくするか。まずは比較的やさしい例から。

原文　同社の 2021 年 3 月期は経常利益が 290 億円前後と前期並みの利益を確保できる見通しだ。**従来予想を 25 億円上回る。**

訳例　The company is estimated to see ￥29 billion in pretax profits in fiscal 2020, nearly the same as the previous year but **￥2.5 billion larger than the company had initially expected**.

直し　The company expects to post ￥29 billion in pretax profit in fiscal 2020, nearly the same as the previous year but **up ￥2.5 billion from an initial estimate**.

〔解説〕 ［訳例］の ... larger than the company had initially expected
（同社の当初予想を上回った）は from an initial estimate に圧縮でき
る。

❖ **低迷**

¶ **低迷**する株式市場 / 株式市場の**低迷**
  a **weak [bearish, sagging, sluggish]** stock market
¶ 穀物価格の**低迷**
  a **slump** in grain prices
¶ 物価は**低迷**している。
  Prices have remained **weak**.
¶ 生活費の上昇と賃金の**低迷**
  rising living costs and **stagnant** wages
¶ 売り上げが**低迷**している。
  Sales are **slow**.
¶ 消費の**低迷**が長引いている。
  Weakness in consumption is persistent.

［原文］株式相場の低迷による**委託手数料の落ち込み**で証券大手３社
の黒字が落ち込んだ。

［訳例］Three major securities houses reported sluggish busi-
nesses **because brokerage commissions dropped** on a slump of
the stock market.

［直し］Japan's three major securities houses reported lower
profits, **due to a fall in commissions** on the slump in the stock
market.

〔解説〕 ［訳例］は because をはさんで２つの文から成り立っている。
　［直し］ではまず，because を取り除いて due to に置き換えた。次い
で commissions dropped（手数料が落ち込んだ）を a fall in commis-
sions（手数料の落ち込み）に書き直すと，because 以下の文を解体で
きる。２つの文を１つに減らせたわけである。
　because を使った例をもう２つ。

原文 Ａ銀行は不良債権の大量償却を控えて赤字決算に転落する恐れが強い。

訳例 Bank A now fears that its business account will turn to red **because it will have to** write off a huge amount of nonperforming loans.

直し Bank A is likely to report a loss **because of** the huge amount of nonperforming loans it will have to write off.

〔解説〕because it will have to ... を because of に代えて，後続部分の配列を逆転させる。

原文 Ａ社は２年連続で経常赤字だったため，人件費の削減を進める。

訳例 Company A intends to cut personnel costs **because the company posted pretax losses for the second straight fiscal year.**

直し Company A plans to cut labor costs **after posting a pretax loss for the second straight fiscal year.**

〔解説〕「２年連続で経常赤字だったため」を「２年連続で経常赤字計上後」と翻訳したのが **直し** 。これも複文が単文にスリムダウンした事例だ。

「…したため」を because で受けるのは自然な反応だとしても，発想や視点を変えると，**直し** のような表現も可能になる。

原文 同社の **2021 年 3 月期**は経常利益が 200 億円と前年比 16 ％**減る見通し**だ。

訳例 The company predicts that pretax profits for **the March 2021 fiscal year** will **drop** by 16 ％ to ￥20 billion.

直し The company expects pretax profit for the **year ending March 2021** to **drop 16 percent** to ￥20 billion.

〔解説〕 **訳例** の英文は that の前後がそれぞれひとつの文を形成している。まず that を外し，predicts を expects に取り替え，さらに will drop を to drop とすれば，文の数を２から１に減らせる。

156

> **原文** 兵器の部品や製造に使われる可能性があると認定された場合，
> （企業は）その品目について政府の輸出許可を受けなければならない。
>
> **訳例** Companies will be required to ask the government for permission to export, **if an item designated has a possibility to be used for military purpose.**
>
> **直し** Companies need government approval to export **any item designated as having potential military applications.**

〔解説〕「政府の輸出許可を受けなければならない」を(1)，「兵器の部品や製造に使われる可能性があると認定された場合」を(2)とすれば，**訳例** では(1)，(2)の順番に従って忠実に訳出されている。翻訳の出来は決して悪くない。

　書き直されたのは，太字部分の if 以下で，**原文** の太字部分「兵器の…認定された場合」までを「兵器の部品や製造に使われる可能性があると認定された製品は」と考えれば，文をひとつつぶせる。そうした発想に立って再構築したのが **直し** の any 以下のくだりである。

　「兵器の部品や製造に使われる可能性」を **訳例** では「軍事目的に使用される可能性」に，また **直し** では「軍事的に応用される（潜在的）可能性」と訳した。こういう場合の「可能性」の訳語として potential はよく使われる。

> **原文** 電力需要が増大しているアジア地域への原子力発電設備の輸出に力を入れる
>
> **訳例** intend to boost exports of nuclear power generating equipment to the Asian market **where demand for electricity has been growing**
>
> **直し** aim to export nuclear power generation facilities to Asia to meet growing demand for electricity **there**

〔解説〕「輸出に力を入れている」を ... has been intensifying efforts などとする必要はない。**訳例** の ... intend to boost exports（輸出の増加をねらっている）で十分。**直し** では aim to export とした。「輸出の機会をうかがっている」ぐらいの意味だが，「力を入れている」のニュアンスからはちょっとずれている。focus on exporting nuclear ...

とでもすればよいか。

　　訳例　が複文になったのは，「アジア地域」を where で受けて「（その地域では）電力需要が増加している」とつなげたため。「アジア地域」を there として文の末尾に持ってくれば複文を避けられる。

　原文　その3国は，インターネットのサイトを使った，中小企業のための情報システムを各国が構築することで合意した。技術，製品，ならびに人的資源についての情報を提供し，中小企業に活用してもらう。

　訳例　The three nations agreed that **each nation will create a site** on the Internet **that feeds** information on technologies, products and human resources **that** small enterprises would require.

　直し　The three countries agreed to each create an online site **to provide** information to small companies on technology, products and human resources.

〔解説〕　訳例　の翻訳は2つどころか3つの単文から構成されている。　原文　が独立した2つの文から成り，それを1つにまとめようとしたことから英文も複雑な構造になった。いずれも that を接着剤にして文がつながっている。

　まず，「インターネットのサイト…」は ... each nation will create a site ... ではなく ... to each create an online site とすれば，文を1つ省ける。　訳例　の each は「それぞれの国が…」で形容詞として使われているのに対し，　直し　の each は「めいめいで，各国で…」の意味だから副詞である。

　次いで，　訳例　の that small enterprises would require（中小企業にとって必要と思われる）は　直し　の ... to provide information to small companies（中小企業に情報を提供する）のなかに折り込まれていると考えてよい。これで2つ目の文も消え，3つの単文から構成されていた文を1つに圧縮することができた。読み比べてみると　直し　の文の方がずっと分かりやすい。

　原文　A社は 2020 年度の国内向け携帯電話の生産台数を8割増の 220 万台に引き上げ，B社に次いで国内向け携帯電話生産で2位をねらう。

> **訳例** Company A will raise the output of cellular phones for the domestic market by 80 % to just above 2.2 million units in fiscal 2020. The company hopes that the production boost will make it become Japan's second largest cellular phone producer after Company B.

> **直し** Company A plans to raise output of mobile phones for the domestic market by 80 percent to just above 2.2 million in fiscal 2020, the second largest after Company B.

〔解説〕 **訳例** の2つの文を **直し** のように1つに統合できれば，後半部分の the company / the production boost / cellular phone producer といった重複した言い回し（これはすべて **訳例** の前半部分にも登場している）を省略でき，文の大幅なカットが可能になる。

　誤解のないように付け加えるが，複文を書いてはいけないというのではない。肝心なのは，分かりやすい文を書くということであり，そのためには複雑な文よりも，単純な構成の方が一般的には望ましいということだ。

　分かりやすくするためには，日本語の原文を2つに分割して翻訳した方がいいこともあるだろうし，その反対に2つの文で構成されている原文を英語では1つの文にした方がまとまりのよいこともある。すべてケース・バイ・ケースだ。

⑨ 補足

　これまで，日本語の原文にはあっても英訳する必要はない，あるいは省略してもよいケースを取り上げてきた。しかし，一方で，原文には欠落している（あるいは隠されている）が，その部分を補足して翻訳しないと，英文としては不完全なケースもある。

　いちばん分かりやすいのは人名で，「岸田首相」を英語で初めて表記するとき（first reference）は，Prime Minister Kishida ではなく Fumio Kishida と「文雄」を補足してフルネームで書かなければならないのはご存じの通りだ。

　人名以外で補足が必要なものとしては，たとえば，次のような事例がある。

> **原文** 政治高官は，**A 銀行問題**に関して処理が適切でなかったと財務省を批判した。

> **訳例** A senior government official criticized the Ministry of Finance for mishandling **Bank A's case**.

> **直し** A senior government official criticized the Ministry of Finance for mishandling **the fraudulent bond-trading scandal involving Bank A**.

〔解説〕「…問題」というのはきわめて便利なことばで，何にでもくっつけて使える。「年金問題」，「森友問題」，「従軍慰安婦問題」，「…大臣の発言問題」と数え出したら切りがない。

　これに対する英語は，と言うと problem だったり，事件性のあるものなら case，発言であれば remark や slur（失言）だったりするが，「A 銀行問題」を **訳例** のように Bank A's case で片づけてしまうのは困る。それがどういう問題なのか簡単な説明がほしい。「そんなのは常識だ」などと言わずに，ひとこと添える。それが英語翻訳の流儀なのである。

　そこで，**直し** では「A 銀行をめぐる（米国での）不正債券取引に関する問題」と補足した。⇒ 253-255 ページ

> **原文** 経済協力開発機構（OECD）は，日本に対して**一段の公定歩合の引き下げ**を求めた。

> **訳例** The Organization for Economic Development and Cooperation called on Japan **to further cut its official discount rate**.

> **直し** The Organization for Economic Cooperation and Development called on Japan **to further cut its official discount rate from the current 1 percent, already a record low**.

〔解説〕これもよくあるケースで，「一段の公定歩合の引き下げ」とあれば，「現行の…％から」に触れるのが思考の自然な流れであり，それが欠けていると文が完結しないと思えるのだが，日本語ではそうした基本的なデータに言及していないことが多い。「現在，公定歩合が何％かは日本人にとっては常識」ということなのだろうが，常識だとしても英語の翻訳には必要だ。原文に見つからなければ，自分で調べて補足する。

160

日本語の原文には必要ないかもしれないが，英語で文を書く場合には欠かせないものがある。それはどういったものかをしっかりと把握する。こうした心構えやセンスも，翻訳者にとっては欠かせない。

直し の太字部分では「現在，公定歩合は年１％で，すでに史上最低の水準に下がっている」を追加した。…from the current 1 percent … の current（現行の）は省略可ということは説明した。

以下の３例では，不足している名詞を補った。

> **原文** 最悪のシナリオは回避した。
> **訳例** We avoided **the worst scenario.**
> **直し** We managed to avoid **the worst-case scenario.**

〔解説〕「最悪のシナリオ」を英語では「**最悪のケースのシナリオ**」という。よく考えてみればその通りで，「最悪のシナリオ」では「きわめて出来の悪い，最低のシナリオ」ということになる。そうではなくて，「**最悪の事態を想定したシナリオ**」のことだ。日本語の「アフターサービス」を，英語では after-sales service と言うんだと中学校の先生に教えられたのを思い出す。managed to avoid … は「なんとか回避できた」。

❖ **最悪**

¶ **最悪**の経済危機を経験する

go through the **worst** economic crisis

¶ **最悪**のシナリオが現実になった。

The **worst**-case scenario has now become [is now] a reality.

¶ 同国の医療サービスは**最悪**だ。

The country's medical services are **notoriously poor.**

¶ 二国間関係は**最悪**の状態だ。

Relations between the two countries are **at a nadir.**

¶ 日本の累積赤字は先進国の中で**最悪**だ。

Japan has accumulated the **largest** public debt in the developed world.

原文 （宅配便事業者がクレジットカードを配達できるかどうかをめ
ぐってホットな論争が起こっている。Ａ社が来春をメドに全国展開す
る方針を決めたのに対し, 総務省が）「これは貨物ではなく**親書**。取り
扱いできるのは**郵便事業者**だけだ」と主張している。

訳例 **The ministry** insists credit cards are **personal corre-
spondence** which should be solely handled by **the ministry**.

直し （The ministry) insists that credit cards are **in the cate-
gory of personal correspondence**, which should be handled ex-
clusively by **the postal service**.

〔解説〕「クレジットカードは親書」と **原文** にあり, **訳例** でもその
ように訳している。しかし, よく読んでみると何か欠落してはいない
か。「クレジットカードは親書である」と直接的に表現するのはちょっ
とムリがあって, 正確には「（総務省の**分類上は**, または, **取り扱い上は**）
親書となっている」, ということだろう。そこで, **直し** では in the
category（分類上は）を補足した。

　また, **訳例** には ministry が冒頭と末尾の２カ所で使用されてい
る。できるだけ避けた方がよいというのは, すでに指摘した通りで,
直し では **訳例** 末尾の the ministry（総務省）を the postal ser-
vice（郵便事業者）に言い換えた。

原文 Ａ社は大震災の**復興需要**を見込んで増産した。

訳例 Company A expanded output, expecting a rise in **recon-
struction demand** in the area hit by the earthquake.

直し Company A increased output in anticipation of a rise in
demand for reconstruction-related projects in the area hit by
the big earthquake.

〔解説〕「復興需要」をアタマから英語にすれば, 確かに reconstruction
demand だが, 英語の表現としてはいささか舌足らずだ。そこで
直し では「復興需要」を「復興関係の事業に対する需要」と補足し
て考え, reconstruction demand と差し替えた。

　次は動詞がらみの事例。

162

> **原文** （新機構は地域紛争の防止を目的とし，）通常兵器や関連のハイテク機器や技術の輸出を**規制する**

> **訳例** **control** exports of such as conventional weapons, arms related high-tech products and technologies

> **直し** **aim to control** exports of conventional weapons, arms-related high-tech products and technologies

〔解説〕「規制する」と言って簡単にいけば苦労はしないし，そもそもそうした機構をつくる必要すらない。ということは，「規制する」ではなく，「規制を**目指す**，規制に向けて**努力する**」とすべきだ，とエディターは考えたのだろう。

> **原文** 新会社は総務省から「特別第2種電気通信事業者」の認可を**取得する**。

> **訳例** The new company will **obtain** from the Ministry of Internal Affairs and Communications a license of special type II carrier.

> **直し** The new company will **seek** licensing approval as a Type II carrier from the Ministry of Internal Affairs and Communications.

〔解説〕前出の事例と同様に，will obtain（取得する）ではなく，will seek approval from ...（認可を求める）に書き換えられた。will obtain には「間違いなく取得できる，取得することは決まっている」というニュアンスが込められているのに対し，**直し**の表現は「これから申請する」ぐらいの感じ。

▶ 「政令指定都市」

> **原文** 政令指定都市のひとつ

> **訳例** an ordinance-designated city

> **直し** one of Japan's 20 largest cities

〔解説〕「政令指定都市」は，ある和英辞典によれば，確かに an ordinance-designated city とある。ordinance は「政令」の意味。しかし，こうした英訳はほとんど意味がない。日本人でさえ「政令指定都市」の意味をきちんと理解しているひとが多いとは思えないのに，それをそのまま字面だけ英語に移しても，何の役にも立たないし，かえって混乱するだけだ。辞典に載っているからそのまま使ってよしとするのはプロの翻訳者としてはいただけない。読み手に分からせる努力，工夫が必要だ。

　「政令指定都市」とは，政令で指定する人口50万人以上の市。大都市行政の特殊性に対処するため一般の市町村とは異なる特例を認められており，2021年7月現在，20市ある。つまり，the 20 largest cities in Japan。「政令指定」の英訳をどうしてもというのであれば，the 20 largest cities in Japan に続けて「政令指定都市と呼ばれる」の英訳 known as ordinance-designated cities を付け足す。

●「指定都市」は designated cities，映画館，野球場，新幹線の「指定席」は reserved seats で，野球の「指名打者」は designated hitters だ。

　原文　新方式の賃上げ交渉についての考え方を盛り込んだ「**春闘方針案**」を加盟労組の代表者会議で提起する。

　訳例　They will present the draft proposal of such plan to the representatives of member unions when they get together to decide on strategies for coming **spring labor offensive**.

　直し　[太字部分のみ]　…**for this spring's wage (increase) negotiations**.

〔解説〕「春闘」の英訳として一般的に使われているのは spring labor offensive（春季労働攻勢）だが，どういうものなのか具体的な説明が少しは必要だろう。　**直し**　では「今春の賃上げ交渉」と訳した。

コラム⑤

キンキー

　大学受験志願者数で日本一は日大でも，早稲田でも，慶應でもない，大阪の近畿大学だ。2020年まで7年連続のトップだというから大した人気だ。世界的に注目された「近大マグロ」の養殖や豪華ゲストが出席する卒業式でも近大（きんだい）はよく知られている。

　その近畿大学の英文表記が2016年4月，Kinki University から Kindai University に変更された。Kindai の dai は「大学」の「大」だろうから，その直後に University がくると「大大学」とダブってしまう。それなのになぜか。

　名称変更の理由について，日本経済新聞は，Kinki（キンキ）の発音が英語の「kinky（キンキー）と誤解されることもあり，海外の学生が近大への留学を敬遠するのを防ぐ狙いがある」ためだと大学側の事情を説明した。kinky には確かに「性的異常の，変態の」という意味があり，大学の名称が kinky を連想させるようなことになれば，それはちょっと embarrassing だ。

　似たような話は東京にもあって，友人の東京工業大学（東工大）OB から聞いたところでは，東工大の英語表記 Tokyo Institute of Technology の略称は頭文字の TIT だと思ったら，そうではなく Tokyo Tech なのだという。東工大のサイトでチェックしたら，確かにその通りだ。東工大といえば米ボストンの名門マサチューセッツ工科大学（Massachusetts Institute of Technology＝MIT）の日本版のような存在かと思っていただけに，Tokyo Tech だと，どこにでもある専門学校のようで意外な感じがした。そのわけを友人に尋ねたら，tit を辞書で引いてみろ，と言われた。

第 6 章

否定形，肯定形

1941 年 12 月 8 日（日本時間），ハワイ・オアフ島の真珠湾の米海軍基地を目標とする日本の奇襲攻撃で，太平洋戦争の火蓋が切られた。

日本の軍事行動に対して，米国人は "Remember Pearl Harbor" を合言葉に戦いに立ち上がった。その合言葉が日本語では「真珠湾を忘れるな」と訳されている。Remember は「覚えている，記憶する」だから，「真珠湾を覚えてろ」でもよさそうなものだが，「忘れるな」が広く通用している。

「忘れてはならんぞ」ということで，もちろん，これは否定の文である。英語の肯定文に対して否定形の日本語翻訳をあてる事例だ。和文英訳でいえば，日本語の原文が否定形で，それを英語では肯定形で表現するということになる。

経験的に言えることだが，肯定文，否定文のいずれでも表現可能な場合，日本語では否定形をとる傾向が英語と比べてかなり強い。英語は明らかに肯定形を指向する。この点も日英両言語の表現上の大きな相違だと思われる。

たとえば日本語で，「日本の高齢者人口は今後しばらくの間，減少することはない」などと言う。そして，かなりのベテラン翻訳者でも「減少することはない」の部分を is not expected to decrease とか is unlikely to decline などと英訳したりする。もちろんこれは誤訳ではない。にもかかわらず，英語のネイティブ・スピーカーはここを is certain to rise などと書き直す。

「減少することはない」ということは，(1)日本の高齢者人口は横ばいとなる，か，(2)増加する，のどちらかである。日本の事情を承知していれば「増加する」が正しいことは常識だ。とすれば「減少することはない」（これは一種の二重否定である）などというような回りくどい言い方をせずに，「日本の高齢者人口は今後とも増加する」とズバリと書かないのか。そうした方がずっと分かりやすいではないか。これが英語の発想である。

原文	（同銀行が発売する商品は）元本割れの**可能性はない**。
訳例	**There is no chance of** investors losing their initial capital.
直し	The principal **is guaranteed**.

〔解説〕 ▶訳例▷の there is no chance 以下は ▶原文▷の「元本割れの可能性はない」に忠実な英訳だが，▶直し▷では「元本は保証されている」という趣旨の英語に書き直された。意味を変えることなく否定文から肯定文に変化させたケースである。

　ついでながら，chance には確かに「可能性，見込み」の意味はあるが，通常，好ましいことについて使われることばだ。この場合は「元本割れ」だから，好ましいこととはいえないだろう。"There is a good chance of success."（成功の可能性は十分だ）のようなケースで使う。

1 not 外しのテクニック

> ▶**原文**▷（日本農林規格［JAS］法で定める品質表示基準の対象品とすることで野菜の産地表示を義務づけ，）**指導に従わない小売り業者は名前を公表する。**
> ▶**訳例**▷ The government office plans to disclose the names of retailers **who do not follow** the government request.
> ▶**直し**▷ Names of retailers who **refuse to comply with** the ministry's guidance will be published.

● この事例の「指導」は request ではなく，guidance が良い。「行政指導」は administrative guidance という。

〔解説〕 ▶訳例▷では「指導に従わない」を do not follow the request と訳した。日本語の発想としては「従う」の反対は「従わない」ということになるかもしれないが，英語では「拒否する」が反対語である。政府の指導に対する対応としては「従う」か「拒否する」の二つに一つと英語では発想する。裏返していえば，「拒否する」の反対語は「拒否しない」ではなく「従う」か「受け入れる」だ。Yes か No のどちらかで，その間に not の入り込むスキは日本語と比べ英語の場合，かなり狭い。

　do not follow と refuse とではだいぶニュアンスが違う（ここでも「違う」ではなく「同じではない」と否定形で書くのが日本語的な発想か），という声が聞こえてきそうだ。refuse は「拒否する」であり，日本語ではとても「きつく」，「強く」響く。反抗しているような印象を与える（ここでも，「印象を与えかねない」と否定形で書いた方が自然な

日本語なのだろう）。それに比べて「従わない」はソフトに聞こえる，という言い分だ。

しかし，「（指導，要請，命令などに）従わない」ことを英語の世界では refuse ということばで表現するのだから仕方がない。refuse を使うべきところで do not follow という，英語の世界からみるとあいまいで，どっちつかずの言い方をすると，居心地がよくない（英語的には，「居心地が悪い」）。

ところが，They refused to comply with the guidance. という英文があって，これを和訳せよといわれたらどうだろう。「指導を拒否した」よりは，「指導に従わなかった」とトーンダウンし，否定形で訳したくなるような気持ちが私たちには働かないだろうか。「真珠湾を覚えてろ」が「真珠湾を忘れるな」になり，「敗戦」を避けて「終戦」と言い習わしている日本の土壌とどこかでつながっているような気がしないでもない。

原文 ▷	彼は…反対の**姿勢を崩していない**。
訳例 ▷	He is **not yet mollifying his** tough **stance** against ...
直し ▷	He has **refused to change his stance** against ...

〔解説〕「姿勢を崩していない」を「姿勢の変更を拒んでいる」と解釈した。

原文 ▷	再建計画の甘さを指摘する声が多く，同銀行は再建計画を**受け入れなかった**。
訳例 ▷	The bank **did not accept** the rehabilitation scheme, regarding the scheme as too optimistic.
直し ▷	The bank **rejected** the rehabilitation plan as unrealistic.

〔解説〕 **訳例** ▷の did not accept（受け入れなかった）を **直し** ▷では rejected（突っぱねた）と発想した。この場合，再建計画に対しては「受け入れる」，「拒否する」，「態度を保留する」の３つの選択肢があったと思われる。「保留する」のであればそのように書くはずだから，「受け入れなかった」は「拒否した」と同じことになる。

● **直し** ▷では「計画の**甘さ**」を unrealistic（非現実的）と訳した。 **訳例** ▷の too optimistic（あまりにも楽観的）でもよい。「実行できそうもない」とい

うことであれば impractical,「内容に乏しい」なら insubstantial である。in-effective は実行しても「効果が期待できない」こと。

❖ 受け入れる
¶ 難民を受け入れる
　take in refugees/ **accept** refugees
¶ 規制を緩和し，外国人労働者を受け入れる
　cut the red tape to **bring in** foreign workers
¶ …を正社員として受け入れる
　accept … as a full-time employee/ give a full-time job to …
¶ あるがままに受け入れる
　take things as they are
¶ その考えを受け入れる用意がある。
　I am **open** to the idea.

原文 ⟩ …の交渉に**応じない**との従来の日本の立場を主張する
訳例 ⟩ maintain Japan's stance **not to accept** talks on …
直し ⟩ repeat Japan's **reluctance to hold** talks on …

〔解説〕「応じない」を not to accept から reluctance（…する気がないこと）に変えた。

原文 ⟩ 公正取引委員会の方針は**変わりそうにない**。
訳例 ⟩ The Fair Trade Commission **does not appear to change** its stance.
直し ⟩ The Fair Trade Commission **appears committed** to its stance.

〔解説〕commit には「ある状態に縛りつける，関与する，固執する」の意味があり，…committed to the stance は「方針（立場）に固執する」となって，「方針は変わらない」と同じことを表現できる。

② 二重否定

> **原文** （政府高官は，A銀行ニューヨーク支店での米国債不正取引に関して，）財務省に責任が**全然なかったとは言い切れない**と述べた。
>
> **訳例** **It cannot be said** that the Finance Ministry **has no responsibility** in the case.
>
> **直し** He said the ministry **bears some responsibility** in the case.

〔解説〕 **訳例** には not と no が 2 カ所に登場する。 **直し** には全くない。

「責任が全然なかったとは言い切れない」というような二重否定の言い回しは日本語に実に多い（「少なくない」と書いてもいいところだが，これも二重否定の親戚筋だろう）。一種の責任逃れと言うか，自信のなさの現れなのか，断定的に言って関係者を傷つけたくないという配慮からなのか，いずれにせよ頻繁に見かける。

こうした日本語を英語に直訳しても，ちんぷんかんぷんになるだけだから，避けた方が無難である。 **直し** では「財務省にも多少の責任がある」という英語に書き直した。

しかし，よくよく考えてみると，この翻訳に問題がないわけではない（あれ，これも二重否定になってしまった）。政府高官は断定的な言い方をしたくないがために二重否定を使ったのに， **直し** の英語は He said ... とかなり断定的である。「財務省にも責任の一端があることを示唆した」というニュアンスを出したい，とすれば，said ではなく indicated の方がよさそうだ。

He indicated that the Finance Ministry is responsible to some extent.

二重否定の事例をもう 2 つ。

> **原文** 12 月の大型小売店の売り上げについて経産省は「減少幅が縮小傾向で基調は少しずつ上向いているため，それほど**悪くない方向へ行くのではないか**」と分析している。

> **訳例** METI predicts large-scale retailers' sales **will gradually improve in December**.

> **直し** METI predicts large-scale retailers **will likely see sales improve in December**, as the year-on-year decline is shrinking.

〔解説〕このケースにはさすがに翻訳者も引っかからなかった。二重否定の部分をちゃんと肯定文で訳している。それにしても「悪く**ない**方向へ行くのでは**ないか**」とは一体どういうことか。せめて，「多少は改善しそうだ」とか「これ以上悪くはならないだろう」と言えないものか。お役人の発言の翻訳には泣かされる。

　それでは，「悪くない」という一種の二重否定の言い回しを英語では使わないかというと，そんなことはない。「大谷のピッチングの調子はどうですか」と聞かれて，「悪くないよ」とコーチがコメントする。「この酒は悪くないぞ」と言いつつ杯を重ねる。いずれも「悪くない」の英訳は Not bad. ／ Not too［so］bad. あたりだろうが，この場合は「悪くない」をそのまま英語に置き換えても問題ない。意味するところはいずれも，もちろん，「かなりよい」ということだ。

> **原文** …が景気回復基調維持の条件と指摘するエコノミストが**少なくない**。

> **訳例** **Not a few** economists cite ... as major prerequisites for keeping economy on the current recovery track.

> **直し** **Many economists** cite ... as conditions to keep the economy on the recovery track.

〔解説〕「少なくない」を not a few と訳し，それが many に直された。英語でも not a few という言い方をするが，その意味は「かなりの多数」で，日本語の「少なくない」とはちょっとズレがあるようだ。

> **原文** 「行動計画」が**達成できなければ**成長率は2％台に落ち込む，と報告書は指摘している。

> **訳例** The draft plan indicates that the growth rate may break below 3% if the government **can't** accomplish the panel's proposed action plan.

> 〔直し〕 The report warns that the economic growth rate may fall below 3 percent if the government **fails to** implement the proposed action plan.

〔解説〕「達成できなければ」を can't accomplish と訳し，fail to implement に直された。「…できない」，「…は不可能である」を英語で表現できるのは can not / unable / impossible ぐらいしかないと思い込んでいるひとが多い。意外に応用範囲の広いのが 〔直し〕 で登場した fail だ。「試験に失敗した」などと言うときの「失敗した」に fail を使うことはよく知っているが，「…できない」にもよくマッチする。

　　　以下の例を参照。

> 〔参考〕 両者は結論を先送りした。
> 〔訳〕 They **failed to reach final agreement**.

〔解説〕「先送りした」を「協議したが，結論を出すことは**できなかった**」と英訳したのは正しい。「先送り」に惑わされて，ともすれば postpone を使って翻訳しかねないところだ。

> 〔原文〕 低軌道周回衛星は衛星の高度が 800-10,000 キロメートルで，従来の静止軌道衛星（高度 35,000 キロメートル）に比べて打ち上げのコストを抑えることができる。
> 〔訳例〕 Low earth orbit satellites, which **do not orbit** at an altitude of more than 10,000 km, require less launch costs than current geostationary satellites that fly at around 35,000 km above ground.
> 〔直し〕 Low earth orbit satellites, which **circle the planet** at an altitude below 10,000 km but above 800 km, cost less to launch than geostationary satellites, which orbit 35,000 km above the earth.

〔解説〕 〔訳例〕 は「1 万キロメートルを**超えない**」，〔直し〕 は「1 万キロメートル**以下**」。

● 「打ち上げのコストを抑えることができる」を，to be able to reduce launching

costs などとするよりも〔訳例〕のように，less launch costs（安上がりだ）と発想した方がすっきりする。〔直し〕では cost less to launch に書き換えた。

〔原文〕同社は最新設備では**採算がとれない**と判断した。
〔訳例〕The company judged that the operations **would not be profitable** if new facilities are used.
〔直し〕The company concluded that it **would lose money** if new facilities are used.

〔解説〕「採算がとれない」は「赤字を出す，お金を損する」ことで，lose money となる。企業の関連で「赤字事業，赤字部門」というときは lose money より make a loss（損を出す）の言い方が好まれるようだ。

❖ 採算
¶円安になり，同社の国内生産は**採算**がとれるようになった。
The weak yen has turned the company's domestic production **profitable**.
¶円高で同社の**採算**が向上した。
The strong yen has helped the company improve its **profitability**.
¶**採算**を度外視して事業を進める
go [move] ahead with a project without regard to [for] **profit(s)**
¶**採算**を重視する
focus on **profitability**
¶事業は5年で**採算**がとれるようになった。
The project **paid for itself** in five years.

〔原文〕同銀行は，長期プライムレートは**上げない**方針だ。
〔訳例〕The bank plans **not to raise** the long-term prime lending rate.
〔直し〕The bank plans to **keep** the long-term prime lending rate **unchanged**.

〔解説〕「長期プライムレートは**上げない**」（**not to raise** the long-term

174

prime lending rate) を「長期プライムレートは**据え置く**」(**keep** the long-term prime lending rate **unchanged**) と発想した。意味は同じだ。

　"not 外しのテクニック"をいくつか紹介したが，refrain from ／ abstain from ／ forgo などを使っても not を取り除くことができる。いずれも「差し控える」，「遠慮する」の意味だ。

> **原文** 郵便局に対し簡易保険の**販売勧誘をしない**よう指示する
> **訳例** instruct post offices **not to promote** postal life insurances
> **直し** instruct post offices to **refrain from promoting** postal life insurance

〔解説〕 **訳例** の not to promote postal life insurance は「簡易保険を販売しないように」で，**直し** の refrain from promoting postal life insurance は「簡易保険の販売を控えるように」。

> **原文** A社は今春の定期採用を総合職，一般職ともに**見送る**。総合職の**採用ゼロ**は2年連続，一般職は4年連続になる。
> **訳例** Company A **will not hire** any new graduates as career-track workers and clerical work employees in this spring's reqular recruitment. This will be the second straight year of **no regular recruitment** of career-track workers, and the fourth consecutive year of **hiring no clerical workers**.
> **直し** Company A will **refrain from hiring** new graduates for both career-track and clerical positions this spring. This will be the second straight year that the firm **abstains from** hiring career-track staff and the fourth year that it **forgoes** employing clerical workers.

〔解説〕 **訳例** で3カ所に登場した not と no が **直し** では一掃された。"not 外し"を引き受けたのは refrain from（…を控える），abstain from [refrain from と同義]，forgo（…を遠慮する，…をなしで済ます）。もっとも，**原文** でも「採用を**見送る**」，「採用**ゼロ**」という言い方をしており，否定形の言い回しは1カ所もない。

❖ 総合職

　つい最近まで，日本の大企業の多くは職種を「総合職」と「一般職」に区分けする傾向が強かった。日本独自の風習と見えて，ニューヨーク・タイムズ紙は「総合職の社員」を "sogo shoku" or career-track employees と表現していた。「一般職」の社員は **"ippan shoku"** miscellaneous workers だ。miscellaneous は「（特に専門性を必要としない）種々雑多な，多岐にわたる，雑務の」というニュアンスだ。総合職，一般職の英訳については以下のような表現を見つけた。

・総合職　management track (**sogo shoku**) positions [jobs, hires]
　　　　　managerial career track positions
　　　　　"comprehensive work positions"
・一般職　clerical track [work] positions
　　　　　routine-work jobs
　　　　　clerical career track jobs

原文　委員の意見の一致をみていない。
訳例　Views of the panel members **are not unified**.
直し　Views of the panel members **are mixed**.

〔解説〕「一致をみていない」につられて not unified とした。エディターの直した英文の mixed は賛成意見と反対意見が「混じり合った」状態を指す。株価で上がった銘柄と下がったものとが混在した「まちまち」の株式市場の場況も mixed。この事例では，mixed の代わりに divided / split / are far apart（大きなギャップがある）なども使える。poles apart（北極と南極ほど離れている）とすれば「意見が全くかみ合わないこと」。

❖ 一致

¶ 満場一**致**で…に賛成（反対）の票を投じる
　vote **with one voice** for (against) ...
¶ …に関しては，意見の**一致**をみた。
　We are **on the same page** when it comes to ...

¶この問題について，私たちの考え方に一致点はない。

We're on two very different pages here.

¶これは私たちの研究データと一致している。

This is **in line with** our research data.

¶…について意見が一致する

find **common ground** on ...

¶…とは意見が一致しないところがたくさんある

disagree with ... on a bunch of things

原文 （マレーシア産原油の輸入量は全体の約2％であるため，同程度のアラスカ原油を輸入したとしても）エネルギー政策に与える**影響は小さい**との認識だ。

訳例 In terms of energy policy, Alaskan oil is considered **not to have much significance** for Japan.

直し Alaskan crude is considered **to have little** impact on Japan's energy policy.

〔解説〕この事例はいささか複雑だ。 **原文** の日本語では「影響は小さい」とあり，それに合わせて英訳すれば問題なかった。ところが，「影響は大きくない」と日本語の発想に切り替えて not to have much significance と訳してしまった。この例文の「影響」の英訳は impact を使いたい。

❖ **影響**

¶世界に決定的な（大きな）影響を与える

make a real (big) **difference** in the world

¶気候変動は日本に影響を与えている。

Climate change is having an **impact [effect]** on Japan.

¶気候変動は…に影響を与えている。

Climate change is **affecting** ...

¶喫煙が健康に与える影響についてはいまだに結論は出ていない。

The **relationship** between smoking and health is still an open question.

¶冷夏の影響で…

　…**because of** the cool summer …

¶さまざまな要因が影響し合った。

　A lot of factors **came into play**.

¶株価の動きは実体経済にとってはほとんど影響ない。

　Stock [Share] prices **matter** little to the real economy.

¶同社は不景気の影響を受けることが比較的少ない。

　The company is relatively **immune** to a recession.

原文 ▷	その計画は**まったく新味がなかった**。
訳例 ▷	The plan **did not contain anything new**.
直し ▷	The plan **contained nothing new**.

〔解説〕英語に否定形の文章を回避する傾向があることはこの例からもよく分かる。 訳例 ▷ の did not contain anything new が 直し ▷ では contained nothing new に変わった。not が消え, anything が nothing に置き換えられたわけである。nothing は否定的な意味を持つことばではあるが, 直し ▷ の文そのものは肯定形で書かれている。「まったく新味がない」の「まったく」を強調したければ at all を付けて, nothing new at all. とする。

　否定の意味を持つ接頭辞の un-, in- もこの "not 外し" に一役買っている。

原文 ▷	その計画は**実行性が乏しく**, 理不尽だ。
訳例 ▷	The plan is **not effective** and unreasonable.
直し ▷	The plan is **ineffective** and makes no sense.

〔解説〕 訳例 ▷ の not effective を 1 語で言えば ineffective で, これを使えば否定文を肯定文に変えることができる。ただし, 「実行性が乏しく」の訳として ineffective が適当かどうかは疑問。ineffective は「実行してみてもその効果がない」ということであり, 「実行性が乏しい」は実行に移せる可能性が小さいということだから, 必ずしも同じ意味ではない。impractical, unfeasible の方がより 原文 ▷ に近い英語だろう。

> **原文** …に関する情報開示が**十分でなかった**。
>
> **訳例** The disclosure of information about … had **not been sufficient**.
>
> **直し** Disclosure of information about … was **insufficient**.

③ neither … nor

> **原文**「今のタイミングで同銀行の筆頭株主として合併に**反対とか承認するとかは言えない**。」
>
> **訳例**"I **cannot oppose or approve** a merger now as the head of the largest shareholder of the bank."
>
> **直し**"As the largest shareholder of 〔in〕 the bank, we can **neither oppose nor support** a merger at this delicate time."

〔解説〕「A でも B でもない」の形で，大学受験のときに覚えさせられた neither … nor があてはまるケースだ。neither を使うと，意味を変えることなく **訳例** の not を外すことができる。

neither … nor の例をもう 1 つ。

> **原文** 経産省や米通商代表部に法的判断の権限はない。
>
> **訳例** **Both** METI **and** the U.S. Trade Representatives **have no** authority to show legal judgements over it.
>
> **直し** **Neither** METI **nor** the Office of the U.S. Trade Representative has the authority to make a legal ruling over the matter.

〔解説〕経産省にも米通商代表部にも権限はない。つまり「どちらにもない」わけで，その場合は neither … nor となる。

● 米通商代表部（USTR）の正式名は，the Office of the U.S. Trade Representative。

> **原文**（大手銀行だけでなく，）地方銀行業界でもそうした動きは**避けられない**と判断している。

訳例　Regional banks also believe that they **will not be able to avoid** such a move.

直し　Regional banks also believe that such a move is **unavoidable**.

〔解説〕「避ける」が avoid というのはご承知の通り。この語尾におなじみの -able をくっつけると「避けられる」となる。そして，そのアタマに否定の意味を表わす un- をかぶせると「避けられない」に変化する。つまり，not able to avoid は unavoidable 1 語で表現できるわけだ。

原文　A 社の（薄板生産シェア）は 2 ％程度なので（薄板市場からの撤退は）市場に大きな影響は**出ないと見られる**。

訳例　Company A's retreat from the market is not likely to affect the supply-demand situation much.

直し　Company A's withdrawal is **unlikely** to affect the supply-demand situation significantly, as it accounts for only 2 percent of the market.

〔解説〕「影響は出ない（影響を与えない）と見られる」にあたる英訳の not likely to affect の not と likely が合併して unlikely になり，またしても not が消えた。

● 「シェアは 2 ％程度」は，The company has a share of about 2 percent（an approximate 2 percent share）of the market. となる。share を使わずに **直し** のように，it accounts for ... でもよい。account for は「…を意味する，説明する，…を占める」の意。

原文　地方銀行の多くは不良債権の開示を 3 月期に先送りする**見通し**。

訳例　Many regional banks are **not expected** to disclose bad loans before the end of the current fiscal year through March.

直し　Many regional banks are **unlikely** to disclose details on bad loans until they release financial results for the full year through March.

〔解説〕「開示を 3 月期に**先送りする**」を「3 月期まで**は開示しない**」とパ

ラフレーズ（paraphrase）し，not expected to disclose と訳した。そしてこれが unlikely to disclose に直された。このケースは「先送りする」を生かし，delay（遅らせる）を使って次のように表現することもできる。

Many regional banks will likely **delay** the release of details of bad loans until they report financial results for the year through March.

● 「不良債権の開示」を翻訳者は to disclose bad loans と訳した。この部分の英訳は，「不良債権（の詳細），不良債権（に関する情報）」と（　）の部分を補足して翻訳した方がよかった。不良債権の額そのものではなく，誰に貸しているのか，大口債務者に占める不動産関連会社の数，回収不能な債権の額，といったことなどである。そこで，エディターが手を入れた ┃直し┃＞では details of bad loans と details（（不良債権の）詳細）を補った。

┃原文┃＞（保険会社２社は今年度中の外貨建て債券の新規購入を見送る。）円高方向に振れて**為替差損を被る可能性が払拭されていない**ためだ。

┃訳例┃＞原文の（　）の部分略。... because **the possibility that the yen may resume upward move** against **the dollar has not been eliminated.**

┃直し┃＞... on **fears the yen could rise against the dollar.**

〔解説〕この事例も一種の二重否定形。「為替差損を被る**可能性が払拭されていない**」を肯定文を使って言い換えれば，「為替差損を**被る恐れがある**」となるだろう。┃直し┃＞の英文はそうした考え方に立っている。

┃原文┃＞（労働者派遣制度の見直しは）連合など労働側が「労働者の権利が**守られない可能性が高い**」と反対した。

┃訳例┃＞But labor unions opposed such a step, saying workers' rights **may not be protected.**

┃直し┃＞But labor unions opposed such a step, arguing workers' rights **would be threatened.**

〔解説〕これは「為替差損」の事例とよく似たケースだ。「守られない可能

性」をどう訳すかがミソで，　原文 ＞に忠実に訳したのが　訳例 ＞。
「脅かされるかもしれない」と言い換えて訳したのが　直し ＞。要する
に，「守る」の反対語を探せば may not be protected というような
not を使った表現を避けることができるわけだ。思いつくままに列挙す
れば，「脅かす」，「危険にさらす」，「危うくする」，「侵害する」といっ
たところが「守る」の反対語だろうか。英語で言えば，threaten / en-
danger / violate / put at risk で，それを受け身の形で使えば「守ら
れない」を表現できる。　直し ＞では「脅かす（脅かされる）」の
threaten を採用した。

　次の文例では「…に**参加できない**」を「…から**締め出される**」と言い
換えた。

　原文 ＞ゼネコン各社からは「不良債権を処理すれば，損益が赤字にな
り公共事業の入札に**参加できなくなる**」との懸念が表明された。
　訳例 ＞Contractors said that if they write off bad loans, they
would fall into the red and **will not be able to tender** for public
works projects.
　直し ＞The general contractors are worried that if they write
off bad loans, they **will** fall into the red and **be barred from ten-
dering bids** for public works projects.

---

4 not only . . . but also . . .

　「…だけでなく…も」，「…に加え…も」とくれば，もちろん，not only . . .
but also . . . の出番である。手元にある大学受験生用の英語の参考書でも
「重要な否定構文」としてこの言い回しが紹介されている。大学入試を受
けようとしたら絶対に覚えておかなければいけない英語表現のひとつだ。
だからだろうか，これが応用できそうな日本語の文に出合うと，待ってま
したとばかりに not only . . . but also . . . に飛びつくクセが日本人翻訳者
には見受けられる。その気持ちはよく分かるが，英語のネイティブ・スピ
ーカーの間では，この言い方はあまり好まれていないようで，ほとんどの
場合，書き直される。具体例をみよう。

> **原文**〉（金融機関の破たんの際に預金保険機構が実施する預金の払戻し（ペイオフ）の方法を見直し，）元金**だけでなく**未払いの預金金利**も**保証する。

> **訳例**〉guarantee **not only** principals **but also** unpaid interest of deposits at failed financial institutions

> **直し**〉**extend** the scope of the deposit insurance system **to cover** unpaid interest at failed financial institutions

〔解説〕 **訳例**〉の not only ... but also ... は **直し**〉では跡形もなく消えた。「…だけでなく…も」を表わしているのは，to extend the scope of the deposit insurance system to cover unpaid interest ... である。「預金保険制度の保証の範囲を拡大し未払いの預金金利も…」という意味だ。元金には一言も触れていないが，それは，現状でも元金だけは保証されているからで，その「保証範囲を拡大して預金金利も…」，とすれば not only ... but also ... を使わなくても同じことを表現できる。

> **原文**〉（A 社の最終利益が増加するのは）A 社本体の利益回復に**加え**，米子会社や，国内の関連会社の業績拡大が支えとなる。

> **訳例**〉The rise is attributed to **not only** an improved profitability at the parent company **but** rising profits at its U.S. unit and other domestic affiliates.

> **直し**〉The rise is attributed to the company's improved profitability **as well as** better business at its U.S. unit and domestic affiliates.

〔解説〕 not only ... を as well as ... に言い換えた。
● **訳例**〉の profitability は「企業経営が黒字状態にある」こと。

> **原文**〉銀行業界**のみならず**，金融界全体**に**（両行合併の）うわさが流れている。

> **訳例**〉Speculation is circulating among **not only** banking circles **but also** financial markets.

> **直し**〉Speculation is rife **both** in banking circles **and** in financial markets.

〔解説〕「のみならず…」に引っかかった。「銀行業界と広く金融界全体」
と単純に考えれば，│ 直し 〉のような both ... and を思いついたはず
である。not only ... but also ... の否定構文は対象になっている２つ
（場合によっては２つ以上の）ことがらを「ＡだけでなくＢも」と**強調
する**場合に使用するフレーズで，事実の伝達に主眼を置く新聞記事に使
うとなにか大げさというか，場違いな印象を与えるようだ。

| 原文 〉音声**だけでなく**映像**も**提供できるシステム
| 訳例 〉a system that can send **not only** voices **but also** videos
| 直し 〉a system capable of offering **both** voice **and** video ser-
vices

固有名詞の英訳

　企業名や個人の名前をアルファベット表記するときはスペリングの確認が欠かせない。たとえば，トヨタ自動車が Toyota Motor Corp. なのに対し，米最大手の自動車メーカー，ゼネラルモーターズは General Motors Co. で Motor を複数形にする。corporation と company の違いもある。

　京都市に本社を置く世界的な精密機器メーカーで，ノーベル化学賞受賞者の田中耕一さんが在籍している島津製作所は Shimadzu Corp. という。Shimazu ではなく，Shimadzu である。なぜ d が入るのかは知らない。

　日本で広く普及しているヘボン式ローマ字綴方表によれば，「島津」の「づ」は zu になるはずである。日本式ローマ字綴方表では du だ。いずれにせよ dzu にはならない。もしかしたら，ヘボン式と日本式をミックスして dzu にしたのかもしれない。朝日新聞を Asahi Shimbun と表記するのはヘボン式を採用しているからだろう。ヘボン式では b, m, p の前の「ん」は，n ではなく m で表記するルールだからだ。地名の「新橋」を Shimbashi とつづるのと同じ理屈だ。

　重要なのは，使っている漢字をどう読ませるか，ローマ字でどのように表記するかは企業や，団体や，大学や，個人の自由であり，われわれとしてはそれを尊重しなければならないことだ。ヘボン式が有力だからといって「島津」を一方的に Shimazu にしてはいけない。まさにそれが固有名詞というものだ。

　同様に，関西の名門関西学院大学（関学）の読みは「かんさいがくいん」ではなく「かんせいがくいん」である。ローマ字表記は Kansei Gakuin ではなく Kwansei Gakuin が正しい。これには理由があって，「関」は古くは「kwan（くゎん）」と発音されていた。「火事」は「くゎじ kwaji」，「喧嘩」は「けんくゎ kenkwa」だった。関西学院が設立された 1889 年当時，関西地方ではまだそれが生きていた。Kwansei

はそのころの発音の名残だろう。

　だとすれば，日本語の読みも「くゎんせいがくいん」でなければならないはずだが，こちらはより発音のしやすい「かんせい」になっている。16世紀に来日したイエズス会宣教師の記録によると，当時の日本人は「日本」を nifon と呼び，「母」は fafa だったことが分かっている。

　関西学院のついでにいえば，東京の立教大学はかつて St. Paul's University と英語表記していた。現在の正式名称は Rikkyo University だ。お茶の水女子大学が Ochanomizu Women's University から Women's がとれて，Ochanomizu University になった一方で，奈良女子大学は Nara Women's University で Women's は健在だ。東京女子大学は Tokyo Woman's Christian University だ。「女子大」の場合「女子」はふつう複数形で women's になることが多いのだが，単数形を採用している。Christian が入るのは，北米のプロテスタント教派が東京女子大の設立に関わっているからだ。

　東京大学は the University of Tokyo で，the を付けたところがいかにもという感じだが，ライバルの京都大学 Kyoto University に the はない。東京外国語大学は Tokyo University of Foreign Studies。「外国語」だから Foreign Languages かと思ったら Foreign Studies（外国研究）である。

第 7 章

「…の」の前置詞

188

1 「…の」と8種類の前置詞

　以下の(1)から(8)のリストをご覧いただきたい。特に，名詞をつないでいる「…の」に注目してほしい。いずれも in / at / of / on といった前置詞を使い分けて「…の」を英訳するのだが，以下の8つの事例の「…の」はすべて異なった前置詞を必要とする。「…の」の英語は of でだいたいのところは用が足りるんじゃないかなどと考えていると大間違いだ。of の守備範囲は意外と狭い。むしろ in / on / for などの活躍が目立つ。文脈に合わせて「…の」を正確に英訳するのはやっかいなものなのである。

(1) 禁止条項の見直し　a review **of** the ban
(2) 高い金利の預金　deposits **at** higher interest rates
(3) A社の持ち株会社　a holding company **for** [of] Co. A
(4) 中間期の売上高　sales **in** [of] the interim period
(5) 保険料の割引　discounts **on** insurance premiums
(6) 震災の復興需要　demand **from** post-quake projects
(7) 株主の出資金　contributions **by** stockholders
(8) 社長の後継者　the successor **to** the president

　「…の」以外にも，名詞によっては思いがけない前置詞を要求するものがある。たとえば，「ネズミを**使った**実験」は an experiment **on** mice，「ドルに**対する**円高」は the yen's rise **against** the dollar，「試験に**ついての**説明」は an explanation **of** the exam，「新型コロナウィルス流行**による**多額の損失」は huge losses **from** the COVID-19 pandemic といった具合だ。

　日本人にとって，前置詞使用上の落とし穴はどこに潜んでいるのか。by ... を除くケースについて検証する。

2 of

　原文▷両社は**スクラップの不足**を予想している。
　訳例▷The two companies forecast that there will be **shortages for scrap irons** in the future.

> **直し** The two companies are bracing for a **shortage of scrap iron.**

● 「スクラップ」は鋼材のスクラップのことで scrap iron だが，量の多少にかかわらず iron には s を付けない。
「新聞・雑誌のスクラップ」は clippings とか cuttings で，複数形では s が必要。brace for ... は「…に備える」。

> **原文** 財務省は証券業界の規制緩和に関するガイドラインを発表した。
> **訳例** The Ministry of Finance announced guidelines on **deregulation in the securities sector.**
> **直し** The Ministry of Finance announced a set of guidelines on **deregulation of the securities sector.**

〔解説〕regulation は「規制」。反対，否定などを意味する接頭辞 de- を付けると日本語の「規制緩和」を意味する。類似例としては，decontrol は control の反対で「統制を撤廃する」。deactivate は「…の動きを不活発にする」。ここでは in を of に変えた。
　参考例を2つ示す。
　(1) ワラント債発行の解禁
　　deregulation of（翻訳者は on を使用）warrant bond issues by ...
　(2) 金利（の）自由化
　　liberalization of（in ではない）interest rates

> **原文** 同社の**日本市場でのシェア**は10％弱。
> **訳例** The company's current **share on the Japanese market** stands at just below 10％.
> **直し** The company's **share of the Japanese market** is just below 10 percent.

〔解説〕「シェア」も of と相性がよいが on や in を使う翻訳者がかなりいる。

> **参考** 両社は合わせて 70％前後の**市場シェア**を持つ。
> **訳** Combined, the two companies account for about 70 percent **of**（翻訳者は **in** を使用）**the market**.

> **原文** タイの A 社に資本参加する
> **訳例** invest in Company A **in** Thailand
> **直し** invest in Company A **of** Thailand

〔解説〕in が「ある，存在する」を意味するだけなのに対して，of は「所有，所属」を表わす。Company A **of** Thailand は，A 社がタイに本社を置き，会社登記しているといったことを言外に含んでいる。a man **of** Tokyo（東京生まれの男性），a man **in** Tokyo（東京にいる男性）のように使い分ける。

❖ **of, in の使い分け**

・日本のトヨタ自動車
　Toyota Motor **of** Japan
・日本の国鳥はキジだ。
　The green pheasant is the national bird **of** Japan.
・日本の岸田首相
　Japanese Prime Minister Kishida／ Japan's Prime Minister Kishida／ Prime Minister Kishida **of** Japan

・東京は日本の最大の都市だ。／ 東京は日本の首都だ。
　Tokyo is the largest city **in** Japan.／ Tokyo is the capital **of** Japan.
・日本の大学／ 東京大学
　universities **in** Japan／ The University **of** Tokyo
・ニューヨークのテレビ局を訪問する
　visit a TV station **in** New York

> **参考** 1980-90 年代のファッション製品が相次いで復活している。
> **訳** Fashions **of** the 1980s-1990s are in vogue again.

〔解説〕ここでも,「1980 年代の」は **in** the 1980s ではなく,**of** the 1980s。「1980 年代の産物」といったところ。

● to be in vogue は「流行っている」こと。***Vogue*** という女性向けファッション雑誌が米国で発行されている。

原文	企業業績押し上げ**の期待**
訳例	**expectations for** corporate earnings to improve
直し	**expectations of** improved corporate earnings

〔解説〕「期待」となると for でつなぎたいところだが,expectations of … の形をとることが多い。for でも可とするエディターもいる。同義語の anticipation も「…を予想して」の意味で使うときは,in anticipation **of** … となる。in anticipation of an early conclusion of the talks … であれば,「交渉の早期締結を見越して」ということだ。

原文	乗用車の販売は 37％増えて 26,629 台になった。
訳例	Sales **in** passenger cars showed 37% up with 26,629 units.
直し	Sales **of** passenger cars rose 37 percent to 26,629 units.

〔解説〕「増えて…になった」は単純に「増加した」と考えればよい。

原文	生命保険各社は,営業開始から **5 年以内の**黒字転換をメドに損害保険子会社の事業計画を練っている。
訳例	Life insurers expect their nonlife insurance units to post profits **within five years from** the start of operations.
直し	Life insurers expect new nonlife insurance units to post profits **within five years of** the start of operations.

〔解説〕「開始**から**」とくれば from を連想するのはうなずけるが,of を使うことが多い。一方,「会社**から**歩いて 5 分のところ」は **within** a five-minute walk **of** the office,**from** the office のいずれも可。

● このケースの「黒字転換」は,営業開始から 4 年間は赤字でもがまんするが,5 年目には利益を出してくれ,ということ。

> **原文** （A 社から）日米自動車協議の**説明**はなかった。
> **訳例** There was no **explanation on** the Japan-U.S. auto trade talks from Company A.
> **直し** Company A did not provide any **explanation of** the bilateral auto trade talks.

〔解説〕「説明」だから，「…についての（関する）説明」と考えるのは自然で，それなら on / about / concerning あたりにねらいをつけたくなる。ところが，正解は of。「語義の説明」は，an explanation **of** the meaning of the word，「ワインの醸造法の詳しい説明」は，a detailed explanation **of** how wine is brewed である。

● **訳例** の主語が explanation なのに対し， **直し** では Company A を採用している点にも注意。⇒第 1 章「主語を選ぶ」

③ at

> **原文** 関西工場の月産生産量は半減する。
> **訳例** Overall monthly output **of** the Kansai factory will be halved.
> **直し** Overall monthly output **at** its Kansai factory will be halved.

〔解説〕「関西工場の」が「関西工場での」になっていれば，... output of ... とはしなかっただろう。

●「半減する」は，will be **cut back** [reduced] by half なども可。

> **原文** 政府は関西国際空港の 2 期工事の着工を推進する。
> **訳例** The government will promote the second phase construction **of** Kansai International Airport.
> **直し** The government will promote second-phase construction **at** Kansai International Airport.

〔解説〕この事例も，「関西空港での［における］2 期工事」と解釈する。

> **原文** 破たん銀行の預金者
> **訳例** depositors with accounts **of** failed banks
> **直し** depositors with accounts **at** failed banks

〔解説〕「銀行の預金者」を「銀行に口座を開いている預金者」と説明調に
訳したのはアイディア。ただ，accounts of failed banks とすると，
その口座は破たんした銀行が所有していることになってしまう。

> **原文** 運輸，通信企業の研究開発費は 14.8％増えた。
> **訳例** R&D spending rose 14.8 % **among** transport companies
> and telecommunications companies.
> **直し** R&D spending grew 14.8 percent **at** transport and tele-
> communications companies.

〔解説〕「運輸，通信企業**間**の競争」であれば among が使える。

4 for

> **原文** 日銀支店長会議での報告は**景気の先行き**不透明感が強まってい
> ることを裏付けた。
> **訳例** Reports by regional branch managers of the Bank of
> Japan confirmed growing anxiety about the **outlook of the econo-**
> **my**.
> **直し** Reports by regional branch managers of the Bank of
> Japan confirmed the growing uncertainty about the **outlook for**
> **the economy**.

〔解説〕outlook は「見通し，先行き」。同意語に prospect があり，「見通
しの」意味で使う時は prospects と複数形にして，同じく for を従える
ことが多い。of のケースもある。

● 「景気の不透明感」の「不透明感」を anxiety と訳した。これは「不安」や
「心配ごと」の意味で，「不透明感」は uncertainty（はっきりしない状態），
（予測できないこと）の方が適当。

❖ 不透明感

¶ ドルの先行き**不透明感**は払しょくされた。

The **uncertainty** of the dollar is gone.

¶ 景気の先行き**不透明感**

the **uncertainty** over the economic outlook ／ an **uncertain outlook** for the economy

---

原文	広告，販売（の）費用
訳例	expenses **on** advertisements and sales promotion
直し	expenses **for** advertising and sales promotion

〔解説〕expense と同じ意味の outlay の項を辞書でみると，outlay（on, for）とあって，on ／ for のどちらも可ということが分かる。

● 「販売費」を expenses for sales **promotion**（販売促進費）と訳したのはうまい。expenses for sales だけでは意味をなさない。

原文	JR 3 社の平均 7％の運賃値上げを答申する
訳例	propose a 7％ fare hike **by** three JR group companies
直し	propose a 7 percent fare hike **for** three JR group companies

〔解説〕この「…の」は「JR 3 社の**ための**」で for が合う。「JR 3 社から**申請のあった**運賃値上げを認可する」であれば，approve a fare hike **requested by** three JR companies となる。

原文	新サービス**の基本料金**は月額 10 万円の予定。
訳例	The basic **fee of** the service is expected to be ￥100,000 a month.
直し	The basic monthly **fee for** the new service is expected to be ￥100,000.

〔解説〕for には「…の対価」の意味もある。￥1,000 **for** the book は「本の代金 1,000 円」。

> 原文 ▷ 新首都の行政組織の青写真
>
> 訳例 ▷ a blueprint **of** the administrative structure of the new capital
>
> 直し ▷ a blueprint **for** the administrative structure of the proposed capital

〔解説〕「行政組織の**ための**青写真」と解釈すべきで，of ではなく，for が適当。

　　　「新首都」を 訳例 ▷ は new capital，直し ▷ は proposed capital と訳した。前者が，「新しい首都は建設される」というニュアンスを強く出しているのに対して，後者は「建設が予定段階である」との見方をしている。

> 原文 ▷ 採算割れになっている事業の再建計画の一環として…
>
> 訳例 ▷ as part of restructuring plans **in** the unprofitable business ...
>
> 直し ▷ as part of the restructuring plans **for** the unprofitable business ...

〔解説〕これも，「事業の**ための**再建計画」ととるべきで，for を使いたい。

　　　「採算割れ」を「儲かっていない」と考えれば 訳例 ▷ ，直し ▷ のように unprofitable，「赤字を出している」は money-losing で，loss-making もよく使われるということはすでに説明した。

> 原文 ▷ デジタル・ビデオディスクの統一規格
>
> 訳例 ▷ a unified standard **on** DVD
>
> 直し ▷ a single standard **for** digital video discs

● 同じ standard でも「規格」や「基準」ではなく，「生活**水準**」の意味では standard **of** living となり，of と合体する。

> 原文 ▷ 経営（の）責任
>
> 訳例 ▷ responsibility **of** management
>
> 直し ▷ responsibility **for** management

196

〔解説〕これは「経営に**対する**責任」。「経営責任」とは多くの場合,「経営の失敗, 破たん」の責任だろうから responsibility for **mismanagement** とも言える。「経営者**側の責任**」であれば, responsibility **on the part of** the management。

原文 米社の映画作品の日本でのテレビ放映権についての独占販売（の）代理店になる。

訳例 become the exclusive sales agent **of** the U.S. company's movie productions to Japanese television companies

直し become the exclusive sales agent **for** the U.S. company's film library to Japanese TV stations

---

〔解説〕「…の代理店」は for で, an agent **of** the U.S. company は「米国の会社に**雇用されている**エージェント」。

　「米社の映画作品」を the U.S. company's film library と直したのはさすがにエディター。

原文 プライバシー保護の国際的ガイドライン

訳例 international guidelines **on** protection of privacy

直し international guidelines **for** privacy protection

〔解説〕「プライバシー保護**のための**, あるいは**保護を目的とした**国際ガイドライン」と考える。

---

5 in

原文 政府はミャンマーに 16 億円の無償援助を実施する。

訳例 The government will offer ￥1.6 billion **of** grant aid to Myanmar.

直し Japan will provide ￥1.6 billion **in** grant aid to Myanmar.

〔解説〕「無償援助」は返済義務のない援助で, grant aid / aid in grant と言う。返済義務のある援助は「借款」で, loan / aid / assistance などと言う。「円借款」は yen loan,「政府開発援助」は official develop-

ment **assistance**（ODA）で，development **aid** とは言わない。**gov-
ernment aid** でもない。

「援助額」，「企業の損益」，「売り上げ」などを表記する場合は，金額
の後にいずれも in を置く。

100 億円の利益　¥10 billion **in** profit
売上高 300 億円　¥30 billion **in** sales
100 億円の支援　¥10 billion **in** support［assistance］
500 億円の不良債権　¥50 billion **in** bad loans

❖ **援助**
¶ その事業へ資金**援助**する
provide financial **support [assistance]** for [to] the project
¶ …に緊急食糧**援助**を行う
provide emergency food **aid** to …
¶ …に**援助**を求める
turn to … for **help**
¶ 政府から資金**援助**を受ける
get **money** from the government
¶ **援助**交際でお金をもらいデートの相手をする若い女性
young women who engage in ***enjo kosai*** by dating for money

原文	テレビゲームソフトのノウハウ
訳例	expertise **on** computer game software
直し	expertise **in** video game software

〔解説〕「ノウハウ」を expertise（専門的知識，技術）と訳した。exper-
tise は in をとる。⇒ 200 ページ
● 「ゲームソフト」は「テレビゲームのソフト」を省略したもの。「テレビゲー
ム」を英語では a video game と言う。

原文	株式相場の低迷による委託手数料の減少
訳例	a decline in commissions on a slump **of** the stock market
直し	a fall in commissions on the slump **in** the stock market

198

〔解説〕slump 同様，「低迷」や「後退」を意味する slowdown / recession も a slowdown **in** the economy（景気の減速），the recession **in** the auto industry（自動車産業の不振）のように，in と仲がよい。

原文 ▷ 物流費の削減効果で，経常利益は 40 億円に回復した。
訳例 ▷ The company also saw its pretax profits recover to ¥4 billion, thanks to cutbacks **on** expenses for logistics.
直し ▷ The firm posted a pretax profit of ¥4 billion on cutbacks **in** expenses for distribution.

原文 ▷ 開発段階の新技術
訳例 ▷ a new technology **on** a development stage
直し ▷ a new technology **under** development

〔解説〕このケースでは「段階」は無視してよいだろう。under は「建設中の橋（a bridge **under** construction）」，「検討中の計画（plans **under** study）」などでも使える。

原文 ▷ 携帯電話各社，デジタル（の）投資を前倒し（新聞記事の見出し）
訳例 ▷ Mobile phone firms to boost investment **for** digital phone services
直し ▷ Mobile phone makers to boost investment **in** digital services

〔解説〕investment（投資）と in のつながりはきわめて強固だ。
● **訳例** ▷ で digital phone services とあったのが，**直し** ▷ では phone がカットされた。携帯電話会社の話で，「デジタル」とくれば digital phone だということは容易に推察されるからだ。

6 on

原文 ▷ 一部の工業製品について**関税を引き下げる**
訳例 ▷ lower **import duties of** some manufactured goods
直し ▷ lower **duties on** some manufactured goods

〔解説〕duty と同義語の tariff も on を従える。the tariff on automobiles は「自動車にかかる関税」。tax（税金）も同様で，「たばこ税」は the tobacco tax，または the tax on tobacco という。

原文 現在，火災保険の**割引**の適用を受けられるのは，ホテルやデパート，事務所ビルなどの一般物件だ。

訳例 Currently, the **discount of** fire insurance premium is applied to buildings, hotels, department stores and offices.

直し **Discounts on** fire insurance premiums so far only apply to such buildings as hotels, department stores and offices.

● 「火災保険」は fire insurance だが，ここでは「火災保険の（掛け金）」のことだから premium を付ける。

原文 保有株の評価損

訳例 appraisal losses **of** holding stocks

直し appraisal losses **on** stock holdings

〔解説〕この事例の on は「原因，理由」を表わす。「株を所有していたことによって発生した評価損」の意味。台風の［による］経済的損失は economic losses **from** the typhoon。

● 「評価損」は paper loss とか unrealized loss ともいう。1 株 1,000 円で買った株が 600 円に値下がりした。売れば 1 株あたり 400 円の損が実際に発生し，このまま所有すれば現時点で「400 円の評価損」を抱えたことになる。paper loss は「帳簿上の損失」，unrealized loss は「まだ発生していない（帳簿上だけの）損失」。

原文 同社は相場の低迷で保有株式の評価損が 20 億円強発生した。

訳例 The company suffered from a slightly more than ¥2 billion loss in appraisal **of** its shareholdings due to the stock market slump.

直し The company suffered an appraisal loss of slightly more than ¥2 billion **on** its shareholdings due to the stock market slump.

● 「評価損が 20 億円強発生した」を〈 訳例 〉では The company suffered from . . . としているが，from は不要。

● また〈 訳例 〉で「**会社**が評価損を被った」と考えて訳したのは，主語の選択として正しい。

● 「20 億円強の損」の英語の語順は，a slightly more than ¥2 billion loss ではなく，a loss of slightly more than ¥2 billion。

〈 原文 〉トヨタ自動車は A 社にアフターサービスの**ノウハウ**を供与する。

〈 訳例 〉Toyota Motor will provide Company A with the **know-how of** its after-sales service.

〈 直し 〉Toyota Motor will provide Company A with its **expertise in** after-sales service.

〔解説〕「ノウハウ」はそのまま英語でも know-how で通用するが，日本人が使うほど一般的ではない，と指摘する英米人が多い。最も相性がよいのは expertise で，上記例文のように前置詞は in を従える。以下の例も参考。

❖ **ノウハウ**

¶ 同社の…に関する**ノウハウ**を活用する

take advantage of the company's **expertise** in . . .

¶ 同社の**ノウハウ**を中国に移転する

transfer the company's **know-how** [**(technical) knowledge**] to China

¶ 団塊の世代は技術や経営**ノウハウ**の宝庫だ。

Baby boomers are a reservoir of **technical and managerial skills.**

¶ 技術と営業**ノウハウ**の見事な結合

perfect fusion of engineering and marketing **savvy**

〈 原文 〉デリバティブ取引の**自主規制**

〈 訳例 〉**self-imposed rules of** financial derivatives transactions

〈 直し 〉**self-imposed rules on** financial derivatives transactions

〔解説〕「規制，禁止，抑制」を意味することばには on と結合するものが多い。regulation / ban / prohibition / rein など。

● 「自主規制」の「自主」は voluntary でもよい。a voluntary retirement program といえば「希望退職制度」。定年前に自らの意志で退職すること。

原文	利子支払いの**上限**を設ける
訳例	set **a ceiling for** interest to be paid
直し	set **a limit [ceiling] on** interest payments

〔解説〕日本語でも「上限」の意味で，予算などに関連して「シーリング」ということばをよく耳にする。原義はもちろん「天井」。

原文	CD 3 カ月物の**金利**が横ばいの 0.55 ％を付けた。
訳例	**The rate of** three-month certificates of deposit stood at 0.55 %.
直し	**The rate on** three-month certificates of deposit remained flat at 0.55 percent.

〔解説〕この事例は of / on のどちらでも結構というわけにはいかず，on でなければならない。「…の金利，利回り」は on を使う。「住宅ローンの金利」は annual interest rates **on** home loans。

　「横ばいの 0.55 ％」は 訳例 の stood at 0.55 ％よりも 直し の remained flat at 0.55 percent の方がよい。stood at 0.55 ％だと「0.55 ％だった」ということは分かるが，「横ばい」の感じが出ない。remained flat の flat は「水平，平坦な状態」で，上がりも下がりもしない横ばいの状態を指す。

❖ **横ばい**

¶ 賃金は**横ばい**のままだ。

　Wages remain **flat [unchanged]**.

¶ 経済成長が**横ばい**になった。

　The economic growth has **leveled off**.

¶ 売り上げはすぐに**横ばい**，または減少するだろう。

　Sales will **plateau** or decline soon.

¶ほぼ**横ばい**の物価上昇率
near-zero inflation
¶2013年から人口は**横ばい**だ。
We have seen **flat** population growth since 2013.
¶景気は**横ばい**だ。
The economy is at a **standstill**.
¶個人消費の伸びは**横ばい**だった。
Personal consumption registered **no growth**.

⑦ from

> **原文** 大震災の復興需要をにらみ商社などが輸入鋼材の手当てに動いた。
> **訳例** Trading companies actively bought steel products on expectations of increase in demand **for** post-quake reconstruction works.
> **直し** Trading firms actively bought steel products in anticipation of an increase in demand **from** post-quake reconstruction work.

〔解説〕「…に対する需要」の場合には demand **for** だが，ここでは，「復興計画**から**もたらされる需要」と考えて demand **from** とする。

> **原文** 旅客運賃の収入が減った。
> **訳例** Revenue **of** passenger transport decreased.
> **直し** Revenue **from** passengers decreased.

〔解説〕「旅客輸送（**から得た**）収入」と発想すると分かりやすい。**直し**では「**旅客から得た収入**」と訳した。

> **原文** 朝刊記事の続報
> **訳例** follow-up stories **of** the morning paper
> **直し** follow-up stories **from** the morning paper

原文	1950 年代の流行歌
訳例	popular songs **of** the 1950s
直し	popular songs **from** the 1950s

〔解説〕上記 2 例では，いずれも「の」の部分を of から from に直された。米国の新聞記事をチェックしたところ，of でも差し支えないようだが，from が使われることがあるのも事実であり，of, from のいずれも可とする。

8 to

原文	成功のカギは何か。
訳例	What is the key **of** your success?
直し	What is the key **to** your success?

原文	…が健康な暮らしのカギを握っている。
訳例	... is key **of** living a healthy life.
直し	... is key **to** living a healthy life.

〔解説〕いずれも of ではなく to が正しい。最初の例文は key を名詞として，2 例目は形容詞として使っている。

原文	同社は（スズキとの技術提携により製造している）排気量 800cc の小型車の**後継モデル**を独自に開発する。
訳例	The company will independently develop **successor model of** the 800cc subcompact.
直し	The company will independently develop **a successor to** its 800cc subcompact.

● 排気量 800cc のクルマは subcompact（小型車）ではなく，minicar（軽自動車）と呼ぶべきか。

〔解説〕successor を「後継者，相続人」の意味で使うときも，前置詞として to を要求する。「…首相の後継者」は the successor to（of では

なく）Prime Minister ... と言う。動詞の「継承する」も succeed **to** となる。

> **原文** 経産省は中小企業創造活動促進法（中小創造法）の改正案を提出する。
>
> **訳例** METI will present amendment **of** the law promoting creative activities of the small business.
>
> **直し** METI will propose [introduce] an amendment **to** the law designed to promote small businesses.

〔解説〕この事例も to とすべきところを of としたケースだ。amendments **to** the Constitution は「憲法（の）改正」。ただし，同義語の revision は a revision **of** the agreement（協定の改正）のように of と結合することが多い。

> **原文** 同社は…の日本での放映権を獲得した。
>
> **訳例** The company acquired the broadcasting right in Japan **of** ...
>
> **直し** The company has acquired the broadcast(ing) rights in Japan **to** ...

〔解説〕「権利」の意味の right も to と相性がよい。日本国憲法第13条の「（すべて国民は，個人として尊重される。）生命，自由及び幸福追求に対する国民**の**権利については…」の「生命…」以下は次のように英訳されている。

　　Their rights **to** life, liberty, and the pursuit of happiness shall ...

> **原文** A 社の技術を独占的に使用する権利を取得する
>
> **訳** acquire from Company A the exclusive rights **to**（of ではない）its technology

---

> **原文** A 社製のスーパーコンピュータの日本での独占販売権を取得する

> **訳例** obtain the exclusive sales rights of Company A's super-computer in Japan
>
> **直し** obtain exclusive rights to sell Company A's supercom-puter in Japan

● 上記 2 例は，日本語原文がいずれも「独占使用権，独占販売権を**取得する**」になっている。これに対して，「取得する」の英訳は acquire と obtain の 2 通りが紹介されている。win（獲得する，手に入れる）でもよさそうだし，お金を出して取得するのであれば buy や purchase も使える。もっと簡単に get で済ますこともできよう。

　日本語では，A という名詞に対しては B という動詞，といった具合に特定のことば同士の結びつきが固定化される傾向があるが，英語はその点，かなり自由で許容度は相当に高い。この事例からも分かるように「独占…権を**取得する**」については少なくても acquire / obtain / win / buy / purchase / get の 5 通りの訳語が思い付く。

コラム⑦

「日本」の読み方

　ニホンかニッポンか。日本語での読みはどうであれ，それをローマ字，英語で表記するとなると Nihon, Nippon, Japan のうちどれを採用しているのかいちいち確認する必要がある。たとえば「日本大学」，「日本経済新聞」，タクシー大手の「日本交通」はいずれも「ニホン」であり，英語表記も Nihon University, Nihon Keizai Shimbun, Nihon Kotsu を使っている。

　一方，日本銀行，日本放送協会，日本生命…は「ニッポン」派だ。英語ではそれぞれ The Bank of Japan, Japan Broadcasting Corp., Nippon Life Insurance Co. となる。Japan と Nippon が混在している。

　日銀は The Bank of Japan だが，紙幣の裏には Nippon Ginko と印刷されている。日本放送協会はご存知のように NHK の方が通りがいい。NHK は Nippon Hoso Kyokai（日本放送協会）の頭文字で Japan Broadcasting Corp. から取ったものではない。日本生命は略称として Nissay を使っている。なかには，「ニホン」と読ませてローマ字では Nippon を当てている大学もあったりしてややこしい。

　ニホンかニッポンかは，辞書をつくるときの見出し語の配置にも影響する。日本銀行は「につ…」のところにくるし，日本大学は「にほ…」だから，同じ「日本」だからといって，「日本…」の項目に一本化できるわけではない。日本銀行を「ニホンギンコウ」だと思い込んでいると，正式名の「ニッポンギンコウ」にはなかなかたどりつけない。きわめて不便なはなしだ。

　そこで，『広辞苑』では「日本」について次のような方針で臨んだ。「現在も，（日本の）よみ方については法的な根拠はないが，本辞典においては，特にニッポンとよみならわしている場合以外はニホンとよませることにした」。一つの見識である。一方，『明鏡国語辞典』は「日本（にっぽん）」を引くと「⇒にほん」と指示している。「にほん」を見よ，というわけだから，扱いとしては『広辞苑』に近い。『明鏡』も『広辞

苑』も「日本銀行」は「にっぽんぎんこう」だ。

　日本語はそれでよいとして，社名や団体の英語表記については，Nihon, Nippon, Japan のうちどれを使うべきか確かめなければならない。昔はいちいち電話をして教えてもらっていた。担当者も知らなかったりすると「あとで電話します」と 1 時間以上も待たされることも珍しくなかったが，それは過去の話だ。多くの情報をウェブで簡単に入手できるようになった現在，いちいち電話で問い合わせる必要もなくなった。

第 8 章

「…の」以外の前置詞

ここで「…の」前置詞を離れ，これ以外の前置詞でエディターがよく直しを入れる例をいくつか紹介する。ただ，例文の中には，明らかに誤用といえるようなものもあれば，どちらでもよいのではないかとか，エディターによって意見が分かれるとか，個人的見解とか，かつては「誤用」とされていた用法が近ごろは「好まれる」ようになった，というようなケースもある。ここは日本語同様，ことばは生き物だから，時代とともに変わったりもする。こうした点をあらかじめご承知のうえ，ご参考にしていただきたい。

▶agreement（合意）

> 原文 ▷ 日米両国政府は自動車交渉で**合意した**。
> 訳例 ▷ The Japanese and U.S. governments reached the agreement **on** auto trade talks.
> 直し ▷ Japan and the U.S. reached an agreement **in** the auto trade talks.

〔解説〕交渉の内容について触れるときは agreement **on** でいけるが，具体的な合意内容には言及せず，交渉そのものが合意に達した，という場合は agreement **in** とする。

「日米両国政府」を the Japanese and U.S. governments と表現するのはもっともオーソドックス。簡単に済まそうとすれば Japan and the U.S. / Tokyo and Washington も可。

また，「自動車交渉」は正しくは「自動車**貿易**交渉」のことだから，auto **trade** talks ［negotiations］と訳す。

▶auction（入札，競売）

> 原文 ▷ …を入札にかける
> 訳例 ▷ sell … **through** auctions
> 直し ▷ sell … **by**（an）auction

▶ceiling（上限）

> 原文 ▷ その銀行はインフラ整備を促進する事業に対して融資比率の上限を 50％に引き上げる。
>
> 訳例 ▷ The bank will increase the **ceiling of** its lending quota to 50％ of total costs for infrastructure projects.
>
> 直し ▷ The bank will raise **the ceiling on** loans to 50 percent of the cost of infrastructure projects.

〔解説〕「上限」の意味の ceiling は on と結びつくということはすでに指摘した。政府の予算に関連してよく登場する。the ceiling on defense spending は「防衛予算の上限（枠）」。「50％に引き上げる」とくれば，何％から 50％に引き上げるのかを知りたいところだが，こうした情報が日本の新聞記事には欠けていることが多い。

　「上限を**引き上げる**」を 訳例 ▷ では **increase** the ceiling と訳した。ceiling は「天井」を意味することばでもあるので，increase よりも raise とした方が「引き上げる」という感じがよく出る。

▶charge（料金）

> 原文 ▷ 料金はビザのカード口座で決済する。
>
> 訳例 ▷ Fee will be charged **at** user's Visa card account.
>
> 直し ▷ The fee will be charged **to** your Visa account.

〔解説〕「利用者のビザカード**に**請求する」と発想して英訳したのが 直し ▷ 。

> 参考 ▷ 公共料金をクレジットカードで支払いをする
>
> 訳 ▷ pay utility bills **by** credit card

> 参考 ▷ サービス料金はクレジットカードまたは小切手による支払いとなります。
>
> 訳 ▷ Service fees are payable **by** credit card or check.

▶compare（比較する）

| 原文 | ＞そのテレビ番組の視聴者は**昨年比**で２％伸びた。 |

　訳例 ＞ The TV show attracted 2％ more viewers, **compared with** last year.

　直し ＞ The TV show attracted 2 percent more viewers, **compared to** last year.

〔解説〕compare with と compare to の意味の違いについては，著者の高校時代の英語のクラスでやかましく教えられた。「ＡとＢを比較する」は compare A **with** B。compare A **to** B は「Life is often compared **to** a voyage.（人生はしばしば航海にたとえられる）」（『ジーニアス英和辞典』）のように「ＡをＢにたとえる」とか「ＡとＢは同じようなものだ」という意味だと口を酸っぱくしてたたき込まれたものだ。

　その後，時を経て，共同通信社の英文記者になってからも，…「比較する」という意味で be compared to を使うのは間違いであると，職場の先輩やネイティブの copy editor から指摘されたのを記憶している。この例文の訳者もそんな経験をし，それがすっかり身についてしまっていたのかもしれない。しかし，どうやら時代は変わってしまったようだ。

　たとえば，『プログレッシブ英和中辞典』で compare を引くと，「…と比較する，比べる《with, to ...》」とあり，「▶to は受動態の場合に好まれる」と説明してある。つまり，「ＡとＢを比較する」は compare A **with** B となり，これを受動態に変えたら A is compared **to** B が「好まれる」というわけだ。『ジーニアス英和辞典』にも「compare **to**」は「受け身で好まれる」との記述がある。「好まれる」とは prefer ということだろう。「訳例」の compared **with** が compared **to** に直されたのは，上記辞典の説明と合致している。

　ちなみにニューヨーク・タイムズ紙の記事を対象に「比較する」の意味で compared **with** と compared **to** の使用頻度を比べてみたら，ほぼ７：１で compared **to** に軍配が上がった。

▶competition（競争）

この用法については 53–56 ページを参照。

▶criticism（批判）

原文	（2 信用組合の経営破たんについての）東京都に対する**批判**
訳例	criticism **against** Tokyo Metropolitan government
直し	criticism **of** the Tokyo Metropolitan government

原文	金融機関に対する**批判**
訳例	criticism **to** financial institutions
直し	criticism **of** financial institutions

原文	政策に**批判的**な
訳例	critical **against** the government policy
直し	critical **of** the government policy

〔解説〕criticism に後続する前置詞もよく間違える。日本語の「批判」は「…に対する批判」の形で使われることがほとんどで，「…に対する」をagainst あるいは to と考えている翻訳者がかなりいる。意外なことにof が正しい。critic は「批判する人，批評家」の意味だが，その場合でも，a critic of ... として使う。many critics of the government's fiscal and monetary policy は「政府の財政・金融政策を批判している多くの人々」。ただし，動詞の criticize は "I was criticized **for** supporting ...（…を支持したために批判された）" のように for を要求する。以下の例を参照。

| 参考 | 銀行の給与水準が高いと銀行経営者は**批判されている**。 |
| 訳 | Bank executives have been **criticized for** higher salaries. |

〔解説〕この事例の for は「理由，原因」を表わしている。「給与水準が高いことが原因［理由］で批判されている」ということ。

214

❖ 水準

¶ 授業と学習の**水準**を引き上げる
　raise the **standards** for teaching and learning
¶ 二酸化炭素の排出量を 2020 年までに 2005 年の**水準**以下に削減する
　reduce carbon emissions below 2005 **levels** by the year 2020
¶ 世界的**水準**の教育を受けられる
　have access to a world-**class** education
¶ 返済期間 30 年の住宅ローンの固定金利は史上最低**水準**だ。
　Thirty-year fixed-rate mortgages are at record **lows**.

▶down（減）

> **原文** 2020 年度当初計画より 5％減の 21 兆円
> **訳例** ￥21 trillion yen, down 5％ **over** the fiscal 2020 initial outlay
> **直し** ￥21 trillion, down 5 percent **from** the fiscal 2020 initial outlay plan

〔解説〕「減」ではなく「増」でも up 5 percent **from** になる。

▶fight（争う）

> **原文** 公正取引委員会の決定は根拠がないと同社は主張，決定取消を求めて**争う**方針。
> **訳例** The company insisted the Fair Trade Commission (FTC) judgement was groundless and is set to **fight against** it.
> **直し** The company argued the FTC decision was groundless and is set to **fight** ∧ it.

〔解説〕fight against の against は不要。「（病気などと）戦う」の意味でよく登場する combat も，He sacrificed his life to **combat** the cholera epidemic.（彼はコレラの流行との戦いで命を落とした）で，against はいらない。fight を名詞として使うときは，the fight **against** AIDS（エイズとの戦い）のように against が必要。

● 「同社は主張」の「主張」は「（公正取引委員会の決定に）反論する」と解釈
　した方がよいので，insist より argue が適当。

▶half（半分）

原文	通常価格の**半分**以下
訳例	less than **half of** present prices
直し	less than **half** ∧ the regular price

〔解説〕「通常価格」を present prices と訳すのは間違い。これでは「現
　在の価格」になる。　**直し**　の regular はここでは「正常・異常」の
　「正常」ではなく，「通常，標準」を意味する。

　　また，「…の半分」とくれば half of ... と反応するのは多くの日本人
　英語学習者として無理からぬところだ。しかし of は不要とコピーエデ
　ィターは判断した。

　　half と half of の語法について，『ジーニアス英和辞典第5版』は
　「the, this, one's などの付いた名詞句が後にくる場合は両者とも可能だ
　が，of のない方が**ふつう**」と説明し，その例として，half (of) this apple
　[these apples] / half (of) my friends では of を省略するのが一般的だ，
　と指摘している。

　　これは上記例文の　**直し**　で「通常価格の半分（half **of** the regular
　price)」の of を削除したのに共通する考え方だ。しかし，主要英米メデ
　ィアの記事を検索すると，half the regular price も half **of** the regu-
　lar price のいずれも登場する。

　　そこで，さらに，① half **of** my friends と② half my friends につ
　いて，米有力紙のニューヨーク・タイムズと英国の公共放送 BBC の記
　事で検索した結果，①と②のどちらも使うが，①の方が使用頻度が圧倒
　的に高いことが分かった。ということは，このケースに限って言えば，
　of を付けないのが「ふつう」ではなく，of を付けるのが「ふつう」と
　いうことになる。ついでに③ half **of** the money と④ half the money
　を調べたら，ほぼ同じ頻度で出現する。

　　そこで思い出したのは，ニューヨーク勤務時代に，英語の語法につい
　て似たような質問を同僚の米国人スタッフに投げかけたときのことだ。

質問についてしばらく考えた末に，困惑した様子で，「よく分からない」
とか，「どちらでもいいんじゃないの」という返事をしばしば聞かされ
た。英語表現の正誤について，米国人も判断しかねることがいろいろと
ありそうなのだ。

▶indication（動き，兆候）

> **原文** 景気回復の**動き**がみられる。
> **訳例** There are indications **toward** an economic turnaround.
> **直し** There are indications **of** an economic turnaround.

〔解説〕indication の形容詞である indicative も of と結合する。indica-
tive **of** potential growth ... は「潜在的な成長をうかがわせる」。

▶investigation（捜査，調査）

> **原文** 東京地検は同事件の**捜査**に乗り出す模様だ。
> **訳例** The Tokyo District Public Prosecutors Office is set to
> begin investigations **against** the case.
> **直し** ... an investigation **into** the case.

> **原文** 同銀行の上層部の関与をめぐる（米検察当局の）**捜査**が長期化
> する見通しだ。
> **訳例** The investigations **about** if and how the bank's execu-
> tives were involved in the scandal appear to be prolonged.
> **直し** The investigation **into** the extent of involvement by the
> bank executives appears to be drawn out.

〔解説〕最初の例では，「（不正行為）に対する」と「検察の（犯罪）捜査」
とが一緒になって against を使いたくなる気持ちは分かる。しかし，こ
のケースは into が正しい。「…**についての**調査」からの連想で about も
よく登場するが，investigation はやはり into とウマが合う。類似語の
probe も a probe **into** the cause of the accident（事故の原因究明）
のように into につながる。動詞の look に into を接続しても「調べる」

の意味になる。

▶last（続く）

原文	会議は 3 日間**続いた**。
訳例	The meeting **lasted** three days.
直し	The meeting **lasted for** three days.

〔解説〕この last も compare と似たようなはなしで，「継続する」は last 1 語で，for は不要とかつては教えられたものだが，いまや，last でも last for のどちらでも OK というか，ニューヨーク・タイムズや英公共放送 BBC の記事をチェックしてみると，last for のほうがむしろ優勢という感じだ。

▶negotiations（交渉）

原文	輸出価格をめぐる中国との交渉
訳例	negotiations with China **about** export prices
直し	negotiations with China **over** export prices

〔解説〕「…をめぐる」の「めぐる」は over が多い。「沖縄の米軍基地をめぐる日米のぎくしゃくした関係」であれば，strained Japan-U.S. relations **over** American military bases in Okinawa だ。ただし，「輸出価格の**値上げをめぐる**（日本の鉄鋼メーカーと）中国との交渉」だとしたら，(Japanese steelmakers') negotiations with China **for** higher export prices [**for** an increase in export prices]，または (Japanese steelmakers') negotiations with China **over their request for** higher export prices とする。「**値上げをめぐる交渉**」は，鉄鋼メーカーにとっては「**値上げを求めての交渉**」なので over ではなく for が正しい。

218

▶postpone（延期する）

> **原文** ⟩ …は来週に**延期**された。
> **訳例** ⟩ ... was postponed **to** next week.
> **直し** ⟩ ... was postponed **until** next week.

〔解説〕日本語では「来週に延期された」の方が「来週まで延期された」より一般的なようだが，英語では to よりも until が好まれる。

▶protest（抗議，反対する）

> **原文** ⟩ 中国による国家安全維持法施行に**抗議**し，数千人の香港市民が街頭に繰り出した。
> **訳例** ⟩ Thousands of people took to Hong Kong's streets to **protest against** China's national security law.
> **直し** ⟩ Thousands of people took to Hong Kong's streets to **protest** China's national security law.

〔解説〕「…に抗議する」は protest 1語。against は不要。「…に対して戦う」が fight against ではなく fight だけでよいのと同じ。protest を名詞として使う場合 in protest against China's national security law ... となり against が必要になるのも fight と同様。

▶the yen's rise（円高）

> **原文** ⟩ ドルに対する円高は大きな懸念材料だ。
> **訳例** ⟩ The yen's rise **to** the dollar is a big cause for concern.
> **直し** ⟩ The yen's rise **against** the dollar is a big cause for concern.

〔解説〕意外な感じがするかもしれないが，この例文の「ドルに対する」の「対する」は against を使う。to ではない。against には「比較」の意味があり，そこからくるものらしい。rise against the dollar をセットで覚えるしかない。

　against といえば，こんなことを思い出した。国際会議で要人の演説

があったり，議長声明が発表されたりすると，スピーチや声明が印刷されて事前に配布されることがある。取材する側としては，メモを取る手間が省けて大いに助かるのだが，話し手によっては予定原稿の一部を飛ばしたり，アドリブを追加したりすることもある。そのため，プリントの表紙には Check against delivery.（実際の発言と内容が異なることがあるので，照合して使用せよ）と注意書きが添えられている。演説での言い回しやことばづかいが予定稿を逸脱した場合，予定稿よりも，実際の発言内容が優先するので，注意を呼び掛けているのだ。

▶rival（ライバル，競争相手）

原文	日本や韓国の鉄鋼メーカーに対する**競争相手**
訳例	**rivals against** Japanese and South Korean steelmakers
直し	**rivals to** Japanese and South Korean steelmakers

〔解説〕rival も protest や fight と同様，against と一緒にしたがる傾向が翻訳者の間には強い。against ではなく to を使う。rival と似た意味の competitor（競争相手，ライバル）でも「日本の**ライバル**」の英訳は a competitor **to** Japan … で a competitor **against** Japan … ではない。

「競争，対抗」は rivalry で，「A と B との競争」は a rivalry **between** A **and** B，または A is in rivalry **with** B だ。

❖ ライバル

¶ **ライバル**企業から熟練エンジニアを引き抜く

poach skilled engineers from a **rival company**

¶ われわれは**ライバル**企業の一歩先を行かねばならない。

We should stay one step ahead of our **competitors**.

¶ そのミニバンは**ライバル車**と（価格面で）対抗できる。

The minivan is comparable with **other vehicles** in the marketplace.

¶ 両社は互角の**ライバル**関係にある。

The two companies are close **competitors [rivals]**.

¶ライバル企業の動向を探り出す
find out what our **competitors** are up to

▶survey（調査）

原文	今回の調査は3,000人を**対象**に実施した。
訳例	The survey was conducted **for** 3,000 people.
直し	The survey **covered** 3,000 people.

〔解説〕この事例の「…を**対象**に実施した」は … was conducted **for** … ではなく was conducted **on** … とすべきなのかもしれないが，いっそのこと The survey **covered** 3,000 people. とすれば，前置詞に惑わされることはない。

参考	アジア域内で活発に投資している日本の製造業を**対象にした調査**
訳例	a survey **for** Japanese manufacturing firms actively investing in Asia
直し	a survey **of** Japanese manufacturers actively investing in Asia

参考	3大都市圏の地価動向（に関する）調査
訳例	a survey **on** land prices in the three major cities
直し	a survey **of** land prices in the three metropolitan areas

米語と英語

　オーストラリアの AAP 通信（本社シドニー）で記者をしていたことがある。豪日交流基金の記者交換プログラムで派遣され約 1 年間シドニーで暮らした。

　AAP で最初に配属されたのは，日本のメディアなら「外信部」あるいは「国際部」の編集・整理にあたる職場で，AP（Associated Press），UPI（United Press International）などの米国通信社から入電する記事のスペリングを米語から英語に変換する仕事だった。

　たとえば defense を defence に，organization を organisation に，program を programme にパソコンの画面上で変えるのである。今では考えられないことだが，1980 年代はその程度の作業も，コンピュータ化されておらず，手動で対応していた。オーストラリアはイギリス英語の国であるから，「世界貿易機関」の「機関」は organisation とつづる。travel も動詞の現在形はそのままだが，過去形は traveled を travelled に，進行形は traveling を travelling に変える。

　スペリングの変換は私でもなんとかこなせたと思う。やっかいなのはほかにあって，米国の drugstore は豪州では，なぜか chemist というし，米国ではビルの 1 階を first floor というのに，豪州では ground floor だ。豪州の first floor は米国では「2 階」を意味し，米国の elevator は豪州では lift と呼ぶ。シドニーの街中のどこにでもある「新聞雑誌販売店」は news agency だ。これは，米国では，AP などの通信社を意味する。AAP 通信の職場で，こうしたケースを米語から英語に変換していたのかどうか，記憶がはっきりしない。

　米語から英語への変換とは別に，大文字，小文字の使い分けもあった。AP，UPI 通信の記事はパソコンの画面上ではすべて大文字で表示される。それを AAP 通信では豪州の加盟新聞社，放送局に配信する前に，大文字，小文字混じりのデータに加工していたのだ。文頭や人名，地名などの固有名詞が大文字であるのは問題ないとして，弱ったのは，当時，国連の事務総長を務めていたペルーの元外交官ハビエル・ペレ

ス・デ・クエヤル氏のようなケースだ。画面上には JAVIER PEREZ DE CUELLAR と表示される。下線のうち J, P, C が大文字なのは間違いないとして，DE の D が大文字か小文字なのか，スペイン語の知識がない私には自信がなかった。この場合，正解はもちろん小文字で，今となればなんでもないことのようだが，当初は実に困った。その後，そんなことを強く意識しながら現地の新聞の国際面を読むようになったのはもちろんである。

　オーストラリア人の英語の発音についてはさほど戸惑いはなかった。Sunday は「サンダイ」のように聞こえるし，rain, newspaper, train はそれぞれ「ライン」，「ニュースパイパー」，「トライン」になることは良く知られている。豪州人（主として男性）が最も好んで使うことばのひとつ mate（友人，仲間）は「マイッ」と発音する。「メイト」ではない。

　しかし，なまりの強弱は個人差が大きい。庶民性を打ち出そうと，豪州なまりを強調し，それを売り物にする政治家がいる一方で，テレビのニュースキャスターの発音でなまりが気になることはほとんどなかった。「郷に入っては郷に従え」を実行し，現地なまり習得を心掛けるのも一興だと思う。

　実際，シドニーのパブで AAP 通信の同僚と飲んでいるうちに調子に乗り，豪州なまりの英語をしゃべると店員や客によく受けた。親近感や仲間意識を与えることはあっても，現地の人を侮辱するような行為ととられる心配はなさそうだ。

第 9 章

誤訳

翻訳は正確第一を期すべきだが，時として間違いが発生する。誤訳である。単位の取り違い，数字の読み違い，といった単純なミスから，原文の誤解あるいは原文の不備による間違いまで，その原因は多様だ。

しかし，はっきりしているのは，誤訳のほとんどは翻訳者が注意すれば防げるということだ。つまり，誤訳は翻訳の過程で起きるうっかりミスであり，数字，固有名詞，単位の確認を徹底するとともに，原文の読解能力を高めることによって，翻訳上のほとんどの間違いは回避できる。原文の読解能力とは日本語で書かれた文章を正しく理解することだが，後述するようにこれが意外とむずかしい。

もちろん，翻訳の対象となっている事柄についての知識も重要だ。コンピュータ関連の文章を英訳しようとすれば，コンピュータについて知っていることが望ましい。金融の知識がなければ，デリバティブ（金融派生商品）を扱った文書を正確に翻訳することは不可能だろう。

そうした，専門分野についての翻訳はさておき，ここでは特に専門知識を必要としないごく一般的な新聞記事の翻訳でどんな誤訳が発生しているかを，具体例を通して検証する。誤訳の共通項とでも言うべきものが浮かび上がってくるはずである。

1 数字，単位

誤訳のなかで一番多いのは数字がらみの間違いだ。10 億円を 100 億円に，100 万を 1 億に，といったミスである。英語の 1 billion が日本語では 10 億，1 million が 100 万といった具合に，英語と日本語とでは位取りが異なっているのが数字がらみの翻訳で間違いを起こす原因のひとつになっている。

以下の事例はいずれもそうした誤訳のケースである。（　）のなかの数字が正しい。

> **原文** ⟩ …は基金の規模を 2，3 年後に **600 億円**に拡大する計画だ。
> **訳例** ⟩ …plans to expand the fund to ¥**600 (60) billion** over the next few years.

> **原文** A 社の損益は **100 億円前後** の赤字になった。
>
> **訳例** Company A incurred a loss of **more than ￥10 billion**.

〔解説〕この例文では「100 億円**前後**」を「100 億円**以上**」と翻訳してしまった。about〔some／roughly〕￥10 billion が正しい。

　「A 社の損益」を主語にするのではなく、「A 社」を主語にした方が英語らしくなるということはたびたび説明した。 **訳例** の主語の選択は正しい。

> **原文** 関西国際空港会社が発注を控えている **100 億円規模** の大型商業施設などの大規模工事
>
> **訳例** **tens of billions of yen** of future Kansai airport projects, including a huge commercial complex

〔解説〕「100 億円規模」を「数 100 億円規模」に誤訳。

> **原文** A 社は 3 年 9 カ月ぶりにシェア **20％台** を回復した。
>
> **訳例** Company A took **a 20% share** of the market for the first time in 45 months.

〔解説〕「20％台」と「20％」とは違う。「20％台のシェア」は a market share of **at least** 20 percent。

　「3 年 9 カ月ぶり」を英語では「45 カ月ぶり」と訳した。類似例は 80 ページを参照。

> **原文** 合弁会社の資本金は 978,000 ポンド（**約 2 億円**）。
>
> **訳例** The joint venture is capitalized at 978,000 pounds or about **￥2 billion**（**￥200 million**）.

〔解説〕「会社の資本金」ではなく「会社」を主語にして，...is capitalized at ... とすることはすでに説明した。

> **原文** LPG の小売価格は **10 立方メートル** 当たり 5,255 円で前月比 0.1％の上昇。

訳例 Retail prices of liquefied petroleum gas edged up 0.1% from the previous month, averaging ¥5,255 **per 10 sq. meters.**

〔解説〕「立方メートル」は cubic meter。sq. meter は「平方メートル」。「10 立方メートル当たり 5,255 円」を **averaging** ¥5,255 ... としたのは気がきいている。LPG の小売価格の「平均」が 5,255 円になったということだからだ。**原文** にはない「平均」を補足して翻訳した。

原文 今回の賞与カットで **10 億—20 億円**の経費削減になる。

訳例 The bonus cuts will save the company between **¥100 and ¥200 million**（**¥1 and ¥2 billion**）.

原文 財務省の資料によると，2020 の国内市場からの資金調達額は **3 兆 8,000 億円**で前年比 **11％減少**，海外市場からの調達額は **5 兆 8,000 億円**で **29％落ち込んだ**。

訳例 Capital obtained overseas in 2020 **dropped** 29 percent from the previous year to **¥5.8 billion**（**trillion**）, while domestic financing **declined** 11 percent to ¥3.8 **billion**（**trillion**）, according to the MOF report.

〔解説〕 **原文** の「減少」と「落ち込んだ」を英語でも dropped と declined に書き分けた。

❖ **落ち込む**
¶ 自動車販売店を訪れる顧客数が大きく**落ち込んだ**。
Visitors to auto dealerships **dropped** [**fell**, **declined**, **slipped**] sharply.
¶ 天候不順でマクドナルドの 1 月の売り上げが**落ち込んだ**。
Bad weather **hurt** McDonald's sales in January.
¶ 株式取引が**落ち込んでいる**。
Stock trading activity is **coming down**.
¶ **落ち込み**が続いていた小売業の売り上げが回復してきた。
Retail sales are picking up after a long **contraction**.
¶ 干ばつで農作物の収穫量が**落ち込んだ**。
A drought has **cut** crop yields.

¶ 景気が**落ち込んできた**。
The economy is **turning down**.
¶ …のために食料供給量が**落ち込んでいる**。
Food supplies are **getting low** due to …
¶ 気分が**落ち込む**と，音楽を聴くことにしている。
When I feel **low**, I listen to music.
¶ 喫煙率が過去最低に**落ち込んでいる**。
Smoking is **down** to a record low.

原文 （巨額の借入金を抱え経営再建中の）A 社は工場資産の売却に加えて，**今後 4，5 年で**約 500 億円を追加増資し借入金返済の原資に充てる。
訳例 The company intends to boost its capital by an additional ¥50 billion **in four to five years** and to sell a number of factories in order to wipe out its huge indebtedness.

〔解説〕「今後 4，5 年で」は「4，5 年がかりで」の意味。これを **in** four to five years と訳すと「4，5 年**後に**」となる。正しくは **over a period of** four to five years。「4，5 年以内に」と解釈して **within** four to five years も可。

原文 （日中科学技術協力会議は）日中国交回復 **45 周年**を記念してシンポジウムを東京で開く。
訳例 The council will hold a symposium in Tokyo to mark **the 54th（45th）anniversary** of the restoration of diplomatic ties between China and Japan.

〔解説〕「45 周年（45th）」を「54 周年」に誤訳。

原文 （製造業は）有価証券含み益が 4 割近く減少した結果，自己資本比率が含み益調整後では **13.1％減少**した。
訳例 As a result of the fall by almost 40％ in latent profits on securities investments, net assets **fell to 13.1％** after adjustment for latent profits.

〔解説〕「13.1％減少」は「13.1％分減少した（**減少の幅が** 13.1％だった）」ということで，100 あったとすると 86.9 に減ったという意味。 訳例 の net assets **fell to 13.1%** だと「100 から 13.1 に落ち込んだ」ことになる。減少幅が 13.1％だということをはっきりさせるためには **by** 13.1 **percent** とする。

② 誤解，勘違い

原文 （全店舗売上高ランキングをみると，上位 5 社の順位は不動だが，）… がコンビニ初の **1 兆円企業**の仲間入りを果たした。

訳例 … became **one of the first convenience store chains** to join the league of companies with **sales of ¥1 trillion**.

〔解説〕コンビニ・チェーンで 1 兆円以上の（年間）売上げを記録したのは … が初めてなのだから，… became the first convenience store chain (in Japan) to join the league of companies with (annual) sales of ¥1 trillion (or more). と訳すのが正しい。one of the … とすると，売上げ 1 兆円以上のコンビニが … 以外にもあることになる。

　また，1 兆円企業というのは，売上げが 1 兆円ぴったりでなく，1 兆円**以上**ある会社を指すと思われるので，¥1 trillion **or more** としておいた方がよいだろう。

原文 消費税率の引き上げ時期の先延ばしや，**税率の引き下げ**に … は反対している。

訳例 … is against a delay in the consumption tax hike or **a reduction in the rate**.

直し … opposes the postponement of the consumption tax hike or **a reduction in the proposed increase**.

〔解説〕消費税率の引き上げについては，景気への悪影響を懸念して，実施を先延ばしすべきだとか，引き上げの率を抑えるべきだとの意見が一部から上がっていた。 原文 の「税率の引き下げ」とは，8％から 10％への引き上げは高すぎるから，たとえば，9％にしたらどうかという

ことだ。

　ところが，このくだりを ▸訳例▸ のように a reduction in the rate とすると，「現行の８％を引き下げる」となる。引き下げの基準になるのは10％であって８％ではない。８％以下にすれば，たちまち，税収の減少につながるわけで，政府税調としては検討の対象にすらならない。

　▸直し▸ の the proposed increase は「予定している（10％への）引き上げ」。

> ▸原文▸ 政府は，**国会に提出する**補正予算案に（…向け緊急人道）援助を盛り込む。
> ▸訳例▸ The government intends to incorporate the aid plan into a supplementary budget, which is expected **to be approved at a Diet session.**

〔解説〕**to be approved at a Diet session** は「国会による承認」。「国会に提出する」は **to be submitted〔presented to〕the Diet** が正しい。

> ▸原文▸ （日本を除くアジア10カ国・地域の2000年時点の粗鋼生産能力は合計で２億5,500万トン前後に達する。）95年に比べ約7,500万トンの増で，**これは日本の今の生産能力の約半分にあたる。**
> ▸訳例▸ Annual crude steel production in 10 Asian economies, excluding Japan, is expected to rise to 255 million tons in 2000 or **equal to about half of Japan's current output capacity.**
> ▸直し▸ （前半部分略）This will represent **an increase of 75 million tons, or equal to about half of Japan's current output capacity.**

〔解説〕「日本の粗鋼生産能力の半分」に相当するのは増加分の7,500万トンが正しいのに，生産能力の合計２億5,500万トンだと誤解した。

　▸訳例▸ の通りだとすれば，日本の粗鋼生産能力は５億トン以上ということになるが，実際のところは約１億5,000万トンで，生産量は１億トン前後にとどまっている。▸原文▸ の「これ」が何を指すのかを取り違えたために発生した誤訳だ。

● 「アジア 10 カ国・地域」を 10 Asian economies と訳した。これは台湾を念頭においての記述で，economy と表現したのは，台湾は中国の一部であり，国家としては承認されていないために country が使えないからだ。

> **原文** （2018 年度に国民が病気やけがの治療のために使った費用が過去最高の 42 兆 6,000 万円に達した）。前年度に比べ 0.8 ％（3,400 億円）の**増加**。
>
> **訳例** This is 0.8 ％ **higher than** the previous year's ￥340 billion.
>
> **直し** This was an **increase** of 0.8 percent or ￥340 billion.

〔解説〕増加分 3,400 億円を前年度の医療費「**総額**」と誤解した。単純なミスといってしまえばそれまでだが，この種の間違いはしばしば起きる。

▶ 「減益」，「赤字」，「売上高」

> **原文** A 社の経常利益は**減益**予想から一転し，前年同期比 7 ％増の 16 億円前後となった。
>
> **訳例** The company said its pretax profit reached some ￥1.6 billion, up 7 ％, compared with its initial forecast of a **pretax loss**.

〔解説〕企業の決算関連の記事で「減益」を「赤字」と誤解する翻訳者が時々いる。「減益」とは利益が減ることであり，赤字になるのとはまるで意味が違う。この事例では，A 社は当初，**黒字が減る**と予想していたのだが，実は増えましたということ。これを「A 社は当初，**経常赤字**を予想していた」と誤訳した。

● 「減益」も生かして some 以下を正確に翻訳すると ... some ￥1.6 billion, up 7 percent on the year. The company initially expected a lower profit.

> ❖ 減益
> ¶ **減益**減収
>   **declines in**（both）**profit** and sales
> ¶ テレビ部門が**減益**になった。
>   **Profit**(s) from the TV business **dropped** [**declined**].

¶ …が**減益**の要因になった。

… **reduced** [**cut, brought down**] the company's **profit**.

¶ 同社は…の影響を受けて減益になった。

The company took a **hit to its profit**(s) from …

> 原文 A 社が発表した**売上高**は前年同期比 12.3 ％減の 1,880 億万円になった。

> 訳例 Company A reported interim **pretax profit** of ￥188 billion, down 12.3 ％ year on year.

〔解説〕「売上高」を「経常利益」と勘違いした。正しくは，Company A reported **sales** of ￥188 billion, down 12.3 percent from the previous year. となる。

> 原文 小売部門が 6 ％の**増収**になる見通し。

> 訳例 The retail division will likely post **a profit increase** of 6 ％.

〔解説〕ここでは「増収」（売上高の増加）を「増益」（利益の増加）と誤訳した。 直し は，The retail division expects **a 6 percent increase in sales**. である。

> 原文 A 社は B 社の株の 1 割強を売却し，**売却額**の約 60 億円を設備投資に振り向ける。

> 訳例 Company A sold just over 10 ％ of its total stake in Company B for **a profit of about ￥6 billion**, which it plans to use for capital investment.

〔解説〕「売却**額**」を「売却**益**」と訳した。1 割強の株を売却して 60 億円を手にしたが，それがそのまま売却益にはならない。売却額から株を買ったときの購入額を差し引いた残りが「売却益」ということになるが，この文からは売却益がいくらになるかは不明。太字部は a profit of を取って，about ￥6 billion だけにする。

> 原文 （12 月 21 日から操業を始める）同社では自動車の国内生産が回復することを前提に，**4 年後にも黒字化を目指したい**，としている。

> **訳例** The company, which is banking on an early recovery in the domestic market, hopes production of the vehicle will help **restore it to profitability for the first time in four years.**

〔解説〕「黒字化を目指したい」に対応するのは hopes ... 以下で，太字部分の意味は「4 年ぶりの黒字を目指したい」。つまり，過去 3 年間は赤字だったことになるが，この会社はまだ操業を始めていないのだから，赤字も黒字もない。実績はすべてこれからだ。

　「4 年後にも黒字化を目指したい」は，The company expects to see a profit in four years at the earliest. となる。「4 年後にも」は「早ければ（順調に行けば）4 年後には」ということ。

> **原文** 1 円の円高でトヨタ自動車は 60 億円，日産も 50 億円の**減収**になる。

> **訳例** Nissan Motor stands to **lose ￥5 billion** for each ￥1 rise against the dollar with Toyota Motor **suffering ￥6 billion.**

〔解説〕「減収」は文字通り「収入，売り上げが減ること」で，lose ￥5 billion **in sales** とするのが正しい。lose / suffer losses of ￥5 billion だと，50 億円の「減益」と誤解される恐れあり。

▶「子会社」，「合弁会社」

> **原文** NTT が **20％出資している**タイ電話電信会社

> **訳例** **a Thai subsidiary of Nippon Telegraph and Telephone Corp.** in which NTT has a 20％ stake

〔解説〕NTT が 20％出資している会社を subsidiary（子会社）と翻訳した。「子会社」とは通常，「特定の企業に**株式の 50％以上**を握られ，経営権を支配されている会社」を指す。この場合は出資比率が 20％ということなので「関連会社」（affiliate）。日経の『経済新語辞典』は「出資比率が 50％以下 20％以上の場合は関連会社と呼び…」と説明している。このケースは，the Thai telecom company in which NTT has a 20 percent stake。

原文	A，B両社が出資している自動車部品メーカー
訳例	an auto-parts maker between Company A and B
直し	an auto-parts maker [manufacturer] in which Company A and B each has a stake

〔解説〕「出資している」を「合弁企業」とした。「合弁企業」であれば「出資」関係にあることは間違いないが，「出資」しているからといって必ずしも「合弁企業」とは限らない。

▶「事故防止」

原文	日本は国内法で原子力施設の重大**事故防止**に関する明確な規定を設けていない。
訳例	Japan has no clear regulations about **serious accidents** at nuclear facilities.

〔解説〕「重大事故防止」の「防止」が翻訳段階で欠落した。prevention of serious accidents とすべきところが，単なる accidents になってしまった。「重大事故に関する明確な規定がない」とすればそれこそ「重大なこと」であろう。

▶単数か複数か

原文	財務省高官は銀行が保有する不良債権処理のための**不動産買い上げ会社**の早期設立を要請した。
訳例	A senior Ministry of Finance official called for the early establishment of **companies to buy real estate** banks possess as collateral on bad loans.

〔解説〕英語では単数，複数の区別をはっきりさせるのに対し，日本語では不明確なことが多い。単複の区別が判然としないときは確認が必要だ。

この事例は，金融機関が不良債権の担保として抱えている不動産の買い上げ会社「共同債権買取機構」を設立する話。会社は1つしかないの

で単数。単数か複数か原文を読んだだけでは不明な場合でも，背景を知っていればこうした誤訳は避けられる。

▶ 「開発」と「製造」

> **原文**〉両社はカタールで**天然ガス**開発に乗り出す。
> **訳例**〉The two companies will exploit **liquefied natural gas** in Qatar.

〔解説〕この例文では，カタールで「天然ガス」を開発し，それを液化しようという計画が，いきなり「液化天然ガス」を開発することになった。液化天然ガスは「製造」するもので，「開発」するものではない。「天然ガスを開発する」は，develop〔explore / tap〕natural gas などと言う。

▶ 「共同開発」，「共同歩調」

> **原文**〉ソニーは任天堂の CD-ROM ゲーム機の**互換機**発売を無期延期することをこのほど決めた。（両社は当初，**共同歩調**でゲーム機発売を計画していたが，開発が遅れてソニーは市場参入の時期を逸したと判断した。）
> **訳例**〉Sony Corp. will indefinitely put off releasing a CD-ROM player **developed jointly** with Nintendo Co.

〔解説〕任天堂ゲーム機の「互換機」の販売を無期延期するというくだりが，ソニーと任天堂との「共同開発機」と誤訳された。

ソニーは任天堂製の「スーパーファミコン」と CD-ROM プレーヤーを一体化した装置を開発・販売する契約を任天堂と結んだが，「共同開発」とはひとことも言っていない。（ ）のなかで，「両社は当初，共同歩調でゲーム機発売を計画していた…」とあるのを「共同開発」と誤解したものと思われる。「共同歩調」とはこの場合，「同時期に」の意味であって，「共同開発する」ことではない。そこで「共同歩調で」の訳としては，simultaneously / at the same time / side by side などが考えられる。

▶「原子炉」,「原発」

> **原文** ▷イランは中国から**原子炉**を購入する計画を立てている。
>
> **訳例** ▷Iran plans to purchase **nuclear power plants** from China.

〔解説〕「原子炉」を nuclear power plants（原子力発電所）と翻訳してしまった。nuclear reactor が正しい。 **訳例** では原子炉の数を複数としているが，**原文** を読むかぎり，単数か複数かはっきりしない。

▶「配達価格」

> **原文** ▷経産省の調査によると，18 リットル当たりの**灯油の配達価格**は全国平均 1,300 円だった。
>
> **訳例** ▷The average **kerosene delivery price** was ￥1,300 per 18 liters.

〔解説〕「灯油の配達価格」を **kerosene delivery price** と表現するのはいただけない。「配達込み」価格のことだから，price of home-delivered kerosene とする。Home-delivered kerosene costs an average of ￥1,300 per 18 liters. とすると，もっと洗練された英語になる。

▶「半年ぶりの」

> **原文** ▷石油化学製品の原料であるナフサの価格が**半年ぶりの安値**を付けた。
>
> **訳例** ▷The price of naphtha, a basic ingredient of petrochemical products, **fell for the first time in six months.**

〔解説〕「半年ぶりの安値」を取り違えた。ナフサの価格はこのところ低迷しており，この半年間についてみると「最低の水準」になったということである。The price of naphtha fell **to a six-month low**. **訳例** ▷だと，この半年間ナフサの価格は上がる一方で，ここへきて初めて「下落に転じた」という意味になる。

▶ 「収縮傾向」

> **原文** 銀行の貸出金，預金の**収縮傾向**が鮮明になってきた。（日銀の発表によると，9月末の全国銀行の総貸し出し，預金残高は前年同期比でそれぞれ2.4％**増**，4.6％**減**だった。総貸し出しの伸び率は過去最低，預金残高は過去最大のマイナス幅となった。）

> **訳例** Bank loans and deposits outstanding have clearly **decreased**, according to a nationwide Bank of Japan survey ...（後略）

〔解説〕 **原文** の「収縮傾向」を decreased（減少）と誤解した。「貸し出しは前年同期比2.4％増」なのだから「減少」ではなく，わずかとはいえ増えている。増えてはいるが**伸び率が落ちている**のに対し，預金残高は4.6％減少した。これを「収縮傾向」とひとくくりにするからややこしくなる。

　たとえば，「銀行の総貸し出しの伸びが最低に落ち込む一方，預金残高も前年同期比で過去最大の減少幅となった」と書けばずっと分かりやすくなり，**訳例** のような誤解を招くこともなかったろう。とはいえ，「収縮傾向」の具体的内容を正確に読み取る能力は翻訳者として不可欠だ。

　原文 の正確な英訳は，Total bank loans rose only 2.4 percent, the lowest rate of increase, while outstanding deposits declined a record 4.6 percent year on year in September, ...

❖ 傾向

¶ 高まる晩婚化**傾向**

　the increasing [growing] **tendency** to delay [postpone] marriage

¶ 日本では家族が小規模化する**傾向**にある。

　Japanese families **tend** to be smaller.

¶ 夏は長く，そして気温は高くなる**傾向**だ。

　Summers are getting longer and warmer [hotter].

¶ 景気は減速**傾向**が続いている。

　The economy remains on a slowing **trend**.

¶支出を抑える**傾向**が強まっている。

More people are spending less.

▶「1日につき」

> 原文 ▷ 同社は1日に100台程度の規模で産業用ロボットの生産を開始した。

> 訳例 ▷ The company started production of 100 industrial robots on **Dec. 1.**

〔解説〕「1日に」の解釈を誤った。「1日に（つき，1日あたり）100台」と解釈すべきところを，翻訳者は「（12月）1日に生産を開始した」と理解した。たまたま12月1日配信の記事だったために，当日の日付と混同したのだろう。原文にも問題があって，「1日につき」とか「1日あたり」とか書いてあればこうした誤解は避けられた。と同時に，「12月1日に開始した」であれば，「同社は…1日，…開始した」となり，「1日に…」とはならなかったはずだ。ここに気付かなかったのは翻訳者の落ち度である。正しくは The company started producing industrial robots, initially 100 units or so a day.

③ あべこべ

> 原文 ▷ （都市銀行，信託銀行の外国人持ち株数がこの半年間で10％減った。）特に信託銀行の外国人持ち株減少が目立ち，外国人は都銀への資産配分を**相対的に**上昇させた。

> 訳例 ▷ Unloading of stocks in trust banks was especially marked, while foreign investors **actually increased** their stakes in city banks.

〔解説〕信託銀行，都市銀行のいずれについても外国人の持ち株は減ったが，信託銀行の減り方がより大きかった。その結果，外国人投資家の都市銀行への資産配分は「相対的に」上昇した。ポイントは「相対的に」

で，これを actually と訳してはいけない。これでは「減少した」が「増加した」になり，話はあべこべである。

正しくは while 以下を次のように書き直さなければならない。

…and as a result the proportion of foreigners' investment in city banks increased.

次の2つの事例も事実関係がさかさまに翻訳された。

| 原文 | （沖電気工業は米国の電子部品メーカー，ハムリン社と提携する。）今回の提携を機に，**ハムリン社は沖電気から電子部品の供給を受ける。**

| 訳例 | Hamlin Inc. will **supply** electronic parts to Oki Electric Indusry Co.

〔解説〕 | 訳例 | では「沖電気がハムリン社から供給を受ける」という意味で，立場が逆になる。Hamlin Inc. と Oki Electric Industry Co. の位置を入れ換えれば正しい翻訳になる。

| 原文 | （パソコン需要が今後も伸びるとの見方から，ユーザーは数量の確保に懸命。スポット市場の上昇材料になっている。）都内の半導体の流通市場では，「**パソコンメーカーなど4メガ DRAM の国内需要家に対して今年6月までの契約数量をすでに決めている**」（半導体商社）というケースが増えてきた。

| 訳例 | **Many PC makers have fixed their purchase volumes through June this year**, according to a semiconductor trading company.

〔解説〕太字部を誤訳した。契約数量を決めているのは半導体商社であって，需要家ではない。4メガ DRAM が品薄になっているので，6月までにお売りできるのはこの程度しかありません，と半導体を取り扱っている商社がパソコンメーカーなどに対して通告しているわけだ。 | 訳例 | では，パソコンメーカーが購入量を決めている，となっているが事実はその逆である。買い手市場ではなく，売り手市場なのだ。

4 常識の重要さ

> **原文** （三井不動産販売は首都圏の地価と中古マンションの価格動向を発表した。）それによると，**都心 20-40 キロ圏を中心に 3.3 平方メートルあたり 100-150 万円の地域が大幅に拡大した。**

> **訳例** The price of land located mainly 20-40km from the city center **dropped by a sharp ¥1-1.5 million per 3.3 sq. meters.**

〔解説〕これまで 3.3 平方メートルあたり 100 万円から 150 万円で買える土地は都心の 20-40 キロ圏では一部地域に限られていたが，地価の下落でその価格帯の地域が大幅に増えた，というのがこの文の趣旨である。

　ところが，**訳例** の英語を日本語に訳すと，「都心から 20-40 キロ圏の地価は **3.3 平方メートルあたり 100 万円から 150 万円の大幅な下落となった**」ということになる。健全な常識をもっていればこうしたミスは犯さないで済んだはずだ。

　太字部の正確な訳としては，Plots of land selling for ¥1-1.5 million per 3.3 square meters have significantly increased mainly in areas 20-40km from the city center. となる。

> **原文** 同社は銀行から **75 億ドルに上る**借入金を設定した。

> **訳例** The company has got bank credit lines **exceeding $7.5 billion.**

〔解説〕「75 億ドルに上る」は「75 億ドルに達する」と言い換えることもでき，言外に，75 億ドルもの「多額な」借入金，というニュアンスを含んでいる。これを **訳例** のように，credit lines exceeding $7.5 billion とすると「75 億ドルを超える借入金」となり，実際より上方に押し上げられる。exceeding ではなく，credit lines of **up to** $7.5 billion とすると「75 億ドルに上る」を表現できる。credit line（借入金の枠）が単数か複数かは不明。**訳例** では複数として処理した。

> **原文** A 社が設備の一部休止を検討しているほか，B 社は**減産を強化している**。

> **訳例** Company A is considering partial shutdown of facilities, while Company B **has begun reducing output.**

〔解説〕「減産を**強化している**」を「減産に**乗り出した**」と誤訳した。「減産を強化している」には，has further reduced production / has cut back on production further といった訳が考えられる。

> **原文** 同社は国内**4 カ所にある全組立工場**で 2 日間の一時帰休を実施する。

> **訳例** The company will close **four of its assembly plants** for two days.

〔解説〕 **訳例** の翻訳では，同社が 4 工場以外にも組み立て工場を所有していることになる。全部合わせて 4 カ所だから，all of its four assembly plants でなければならない。

> **原文** 百貨店の**業績不振**の理由について尋ねたところ，「**人件費が高い**」が 51 社で最も多かった。

> **訳例** …51 department stores blamed **poor sales** on **rising personnel costs.**

〔解説〕「人件費が**高い**」を「人件費が**上昇している**」と訳した。 **原文** は上昇しているかどうかについては触れていない。上昇しているのかもしれないが，そもそも人件費そのものがほかの業種と比べて高いことが百貨店の業績不振の原因になっている。「人件費が高い」は higher labor costs あたりか。

　「業績不振」を poor sales（売り上げ不振）と訳してはいけない。確かに，「売り上げ不振」が「業績不振」につながっている面はあるだろうが，ここでは「高い人件費」が「業績不振」の原因だと指摘しているわけで，「売り上げ不振」についての言及は全くない。「業績不振」は lower levels of profit, poor business performance あたりでどうだろう。

❖ **業績不振**

¶ 会社は「**業績不振**」を理由に 100 人以上の労働者を解雇した。
The company laid off [fired] more than 100 workers, saying "**business is bad.**"

¶ **業績不振**の原因としては…が指摘できる。
The **poor business performance** is attributed to ...

¶ **業績不振**企業の経営陣を刷新する
shake up the management of **underperforming** companies

¶ 同社の**業績不振**の原因
reasons for the company's **disappointing bottom line**

原文 首都圏の新築マンション市場は，（発売月中の売れ行きを示す契約率も好調の目安とされる 70 ％台を回復し，）**74.8 ％**となった。近畿圏の月間契約率は **71.0 ％**だった。

訳例 Of new condominiums sold, **74.8 %** were in the Tokyo area and **71.0 %** were in the Osaka region.

〔解説〕どうしてこういう翻訳になってしまったのか。**訳例** を和訳すると「新築マンション販売実績の地域別内訳は東京圏が 74.8 ％，大阪圏が 71.0 ％だった」となり，2 つの数字を合計すると 150 ％近くになって，百分率の意味をなさなくなる。次のように翻訳すればいいだろう。

Of new condominiums for sale, **74.8 percent** were sold in the greater Tokyo region and **71.0 percent** in the Osaka area.

⑤ 外国人のアキレス腱

筆者の周りにいる翻訳者の大半は日本人だが，日本語の国際化を反映して英米人のなかにも「日【→】英翻訳」を職業とするひとが増えつつある。英語を母国語としているわけだから，日本人の英訳に比べて自然な英語に仕上がるが，日本語の理解力が欠けるケースもなくはない。以下はそうした実例である。

242

> **原文** NEC は**米 IBM が開発した**パソコン用の新型の基本ソフト（OS）「OS ／ 2」の最新版を日本アイ・ビー・エムからライセンス調達する方針を固めた。（中略）機能を高めた OS の分野ではソフト事業の拡大を急ぐ IBM の「OS ／ 2」と米マイクロソフト社の「ウィンドウズ」が**覇権を争っている**。

> **訳例** NEC Corp. has decided to procure a license from IBM Japan Ltd. to market the latest edition of the OS ／ 2 operating system software for personal computers, **developed by International Business Machines Corp. and Microsoft Corp.** （中略）IBM has rapidly expanded its lineup of high-performance operating systems, and Microsoft **has helped to heighten IBM's competitiveness** with its Windows software.

〔解説〕「IBM が開発した基本ソフト」を「IBM とマイクロソフトが共同で開発した基本ソフト」と訳した。両社はかつて，基本ソフトを共同開発していたこともあったが，NEC が今回調達するのは，IBM が**独自に開発した**基本ソフトで，マイクロソフト社が関係ないことは，記事を読み進むと分かる。また，「IBM とマイクロソフトが**覇権を争っている**」のくだりが，「マイクロソフトが IBM の競争力を高めるために協力している」ととんでもない訳になってしまった。（中略以下を参照）。この記事を英訳したのは米国人の翻訳者で，日本語の理解力不足がこうした間違いを引き起こす原因になったと思われる。

　「IBM とマイクロソフトが覇権を争っている」を英訳すれば，IBM and Microsoft have been in rivalry. とか IBM and Microsoft have been competing against〔with〕each other. とかが思いつく。

　次の 2 例も外国人翻訳者がらみの誤訳である。

> **原文** 中国の経済成長率が 2 ケタを記録したのは 1988 年**以来**。

> **訳例** China's economy has grown more than 10％ **every year since 1988.**

〔解説〕「1988 年以来」を読み違えた。「以来」のあとに「初めて」が隠されていることにこの米国人翻訳者は気がつかなかったのだ。「初めて」がなくても，文全体の流れから誤解の余地がないと日本人には思われる

が，こうした一見なんでもないところが外国人翻訳者にとってはアキレス腱になる。　訳例　では「中国は **1988 年以来2ケタ成長を持続している**」となってしまった。正しくはもちろん，for the first time since 1988 である。

　似たようなケースとしては「…にも」がある。「来週にも現地を訪れ，被害の実態を調査する」というような言い回しだ。「来週にも…」はもちろん「（早ければ）来週にも」の意味で（　　）の部分が隠されている。日本人ならなんなく見抜けるトリックだが，外国人ではそうはいかない。「来週にも…」を「今週も来週も…」と誤解する翻訳者がかなりいる。正解はもちろん as early as next week だ。

　原文　（経産省は英貿易産業省と先端技術の共同研究を始める。）下水汚泥の固形燃料化や**柔らかい生地**をつかむことができるロボットの開発などがテーマである。

　訳例　The two sides will work together on projects such as developing technology to create fuel from sewage sludge and **building robots supple enough to grasp soft cloth.**

〔解説〕この記事は日本語にも問題がありそうだ。引っ掛かるのは「柔らかい生地」で，これが soft cloth と訳された。確かに「生地」には「布や織物」の意味もあるが，「柔らかい布や織物をつかむことができるロボット」というのはどこかおかしい。

　そこで，経産省の担当者に確かめたところ，「柔らかい生地」とは具体的には豆腐や大福もちのように，表面が柔らかく，形の崩れやすいものを指すのだという。だとすれば，その通りに英訳して，...develop a robot that can pick up [...that is sensitive enough to pick up] soft, delicate objects such as a block of tofu bean curd とでもしておけばよいだろう。

　原文　（「共同研究促進税制」では民間企業が国立の研究所や大学などと契約して共同研究を行う場合，）民間が支出する**研究費の6％を控除する。**

　訳例　Private companies **will be exempted from having to pay 6 percent of the cost of the research.**

〔解説〕「研究費の6％を控除する」というのは企業の課税対象額を6％差し引く，ということである。たとえば，Aという会社が研究費として1億円支出したとすると，その6％にあたる600万円は課税対象から除外するということである。医療費の控除などと似たようなものと考えればよい。それを 訳例 のように，They will be exempted from ... とすると，「研究費の6％は免除される」ということになる。「研究費を支出すると免除される」というのはどうも要領を得ない。

　「研究費の6％を控除する」は，Six percent of such R&D spending will be tax deductible.

コラム⑨

米公共放送 NPR と PBS

　米公共放送の NPR（National Public Radio）と PBS（Public Broadcasting System）をネットでよく聞いたり，見たりしている。NPR はラジオ，PBS はテレビである。ニューヨーク勤務中に利用するようになり，帰国後もお世話になっている。米国の最新の情報が手に入るし，ニュースあり，音楽あり，タイムリーなドキュメンタリーや特集ありで，飽きない。クイズ番組，自動車情報のトークショー，ジョーク特集も人気だ。それでいて受信料は不要だ。定年後のヒマつぶしにはまさにうってつけのサービスである。感謝の気持ちを込めて，それぞれに心ばかりの寄付をしている。

　米連邦政府から多少の財政援助はあるようだが，基本的には，各種基金，企業，それに個人からの寄付で運営している。各番組の冒頭と終わりで，大口の寄付をした団体の名前が文字と音声で紹介される。短いコマーシャルが入ることもあるが，いったん番組が始まれば，終了までノンストップで，途中，CM にじゃまされることはない。

　NPR と PBS の利点は，ニュースも含めて，ほとんどの番組の transcript が，番組終了後数時間で入手できることだ。ニュース番組の司会者や記者によっては早口だったり，独特のクセがあったりしてよく聞き取れないことがある。ナレーションや討論会のやりとりもすべてが理解できるわけではない。そんな時，後で transcript を見ながらチェックできるのは，とても重宝する。たまに，「inaudible（この部分聞き取り不能）」なんていうお断りが入ったりする。transcript づくりのためにテープ起こしをしている米国人スタッフでも聞き取れない部分があるのかと，妙に安心する。

　過去の番組のアーカイブも充実している。NPR についていえば，少なくとも 40 年前にさかのぼって当時の番組を聞くことができる。ここまでのサービスを提供してもらっても無料なのだ。

　その NPR と PBS の transcript を素材に著者は自前の和英辞典をつくろうとしている。「英和」ではなく「和英」である。着手して丸 2 年。道半ばどころか，1 合目をうろちょろしているばかりで，いつ完成する

やら見当もつかないが，やってみて，これはおもしろいと思った。ただ漫然と聞き流すのとは違って，辞典の材料探しという目標があるから，力（りき）が入る。1日2〜3時間の作業で大漁のデータを収集できることもあるし，釣果ゼロで泣くこともある。宝物を掘り当てたりすると，この歳になっても，コーフンする。そんなこともたまにはあるからやめられない。

第 10 章

言い換え力を鍛える

「経済」を英語で何と言うか，と質問したら，中学生でも economy だと答えられそうだ。中学生でも，といったのは，大修館書店の『ジーニアス英和辞典』で「中学学習語」として示された約 1150 語の中に economy が含まれているからだ。economy は「特に使用頻度の高い A ランク」だという。

この「A ランク」の語彙は応用範囲が広く，使い勝手が極めて良い。例えば，以下の例文は，固有名詞を除くとすべて「中学学習語」でカバーできる。

---

① 日本はいずれ人類の歴史上最も高齢化した社会になるだろう。

Japan will be the oldest society ever known in human history.

② テレビの人気アニメ「サザエさん」は 1969 年に放送開始の長寿番組だ。

The popular TV anime *Sazae-san*, first aired in 1969, is still going on.

③ 彼は出世のためなら何でもする男だ。

He would do anything to get ahead.

④ 人生，山あり谷ありだ。

In life, what goes up must come down.

⑤ The good news is that we're living longer. The bad news is we have to pay for it. (*New York Times*, 2015 年 2 月 19 日)

長寿はめでたいが，その分カネがかかるのが問題だ。

---

⑤は米ニューヨーク・タイムズ紙に載った記事からの引用で，英語から日本語に翻訳したものだ。前述の通り，登場する英単語はすべて「中学学習語」である。こうした基本的な語彙を有効に活用してアクションのある文章をつくったり，日常会話に取り入れて表現を生き生きとさせようとする傾向が，米国人の場合，日本人よりかなり強い印象を受ける。中学程度の英単語だからといってバカにしてはいけない。それどころか，英語の基本語彙は，一般に考えられているよりもはるかに重要で，活躍の場も広い。おろそかにできないのである。「英語らしい英語」表現をマスターする上で大きなポイントの一つは，この「中学学習語」をいかに使いこなすかだ，といっても過言ではない。

　ところで，②のサザエさんの例文に関して，「長寿番組」が英訳されていないではないかとのご指摘を受けるかもしれない。ごもっともとうなずきたいところだが，この番組が1969年に初めて放送され，以来，ずっと続いているという事実には言及しており，半世紀以上の歴史を持った番組だということはすぐに分かるはずだ。そこで，あらためて「長寿」を持ち出す必要はないと判断した。「長寿」と「番組」を和英辞典で引いてつなぎ合わせ a longevity program ［show］などとしたら，かえって滑稽であろう。

　それはさておき，「経済」は economy であり，「景気」も economy が使えるのは以下の例文が示す通りだ。

❖ **経済・景気**

¶ **経済**が拡大している。
　The **economy** is growing.

¶ **経済**は絶好調だ。
　The **economy** is doing great.

¶ **経済**を動かしているのはマネーだ。
　Money moves ［drives］ the **economy**.

¶ 円高は日本**経済**にはマイナスだ。
　A strong yen is bad for the Japanese **economy**.

¶ **景気**回復の兆候が見えてきた。
　There are signs that the **economy** is picking up.

¶ **景気**が減速している。
　The **economy** is slowing （down）.

　これからも分かる通り，「経済，景気」の英訳としては，economy でカバーできそうだ。翻訳者としては大いに助かる。

　ところが，こんなに都合よくいくことはむしろまれで，たった一語の英訳に悩まされることの方が多いのが現実だろう。たとえば「動き」がそうだ。「状況」も「円安，円高」も，そうだ。日本語では「動き」で片付けられるところを，英訳するとなると，どれほど多様な表現が可能になるか。「状況」…以下についても同様だ。この表現の多様性は，「言い換え」

の多さにもつながっているのだろう。日本人が「言い換え」に無関心だと思われるのに対して，米国人のこだわりようは並大抵ではない，と著者には思える。その理由についての議論は機会を改めるとして，表現の多様性を意識し，「言い換え」のカードを増やすことこそが日⇒英翻訳力を高める重要なカギの一つであるのは間違いない。そこで，復習ついでにあらためて，この点に注目してみたい。取り上げたのは「仕事」，「暮らし」，「問題」，「生きがい」である。

ⅰ 仕事

¶ **仕事**を探す
  look for a **job**/ look for **work**
¶ 給与の高い**仕事**に転職する
  move to a better-paid **job**
¶ 父は**仕事**を失った。
  My father lost his **job**.
¶ **仕事**がなかなか見つからない。
  Jobs are getting harder to find [... to come by].
¶ **仕事**を求めて地方から都市へ移住する
  move from the countryside to **work** in cities
¶ **仕事**上の男女不平等
  gender inequality in [at] **work**
¶ 日本の女性にとって**仕事**と家庭の両立は極めて困難だ。
  It is extremely difficult for Japanese women to have both a family and a **career**.
¶ 教師の**仕事**もそろそろ引退だ。
  I'm coming to the end of my teaching **career**.

「仕事」の英訳としてはjob, work, career が主役だろう。単純労働を連想させるものから高度な専門職までカバーできる。
　それでは，以下のような場合の「仕事」はどのように訳したらよいか。主役に頼らずに英訳が可能だろうか。

① コンビニの**仕事**は時給 950 円でスタートした。
② 彼はどんな**仕事**をして食っているんだ。
③ この**仕事**は 1 週間以内に片付けたい。
④ 教職か看護の**仕事**に就きたいと考えている。
⑤ 彼は**仕事**ができる。

① I started with ¥950 an hour at the convenience store.
② What does he do for a living?
③ I want to get this done within a week.
④ I plan to go into teaching or nursing.
⑤ He is competent.

　ご覧の通り，英訳では job, work, career のいずれも全く使っていない。これにはわけがあって，① から ⑤ のすべての原文から「仕事」を削除しても全体の意味に影響を与えることがないからだ。「仕事」が登場しないのだから，job も work も必要ない。ベテラン翻訳者になると，そのあたりはよく心得ていて，無意識のうちに原文から「仕事」を取り除き，翻訳しやすい形に加工してから作業に取り掛かる。簡潔で，分かりやすい英訳をつくろうとしたら，こうした工夫は欠かせない。

　「仕事」を外して，原文を paraphrase すると以下のようになる。

① コンビニの初任給は時給 950 円だった。
② 彼は何をして食っているんだ。
③ これは 1 週間以内に片付けたい。
④ 教職か看護の道に進みたい。
⑤ 彼は有能だ。

　ベテランと新人翻訳者との大きな違いの一つは，経験の浅い人ほど，日本語の原文にできるだけ忠実に英訳しなければというプレッシャーを感じていることだ。そのため，あってもなくても差し支えのない，いわばムダな部分までも英訳することになる。英訳を通して日本語の原文が透けて見えてくるのだ。これでは，英語らしい英語にはならない。これは，もちろん，「仕事」に限ったことではない。

② 暮らし

① 携帯電話は私たちの**暮らし**を大きく変えた。
   Mobile phones have made a big difference in our **lives**.
② コメ農家の**暮らし**
   the **lives** of rice farmers
③ 技術の利用で**暮らし**がずいぶん楽になった。
   Technology makes our **life** [**lives**] a lot easier.
④ 普段の**暮らし**に戻る
   return [go back, get back] to normal **life**
⑤ 東京**暮らし**にはいくらかかるか。
   How much does it cost to **live** in Tokyo?

　上記の例では，「暮らし」は文章の核になっているので，「仕事」なしでも意味が通じるケースとは事情がまるで違う。主語であれ目的語であれ，「暮らし」をとったら全く意味をなさない。

　しかし，だからと言って，「暮らし」の部分の英訳として life や live 以外にはないかというと，そんなことではない。たとえば以下のケースだ。

① 10 年前より**暮らし**は楽になった。
   We are **better off** than we were a decade ago.
② 東京には 1300 万人以上の人が**暮らし**ている。
   Tokyo is **home** to more than 13 million people.
③ 各地を転々とし，米国**暮らし**は合計 10 年に及んだ。
   All told, I **spent** 10 years in different places in the U.S.
④ 農業だけでは**暮らし**ていけない。
   We can't **survive** on farming alone.
⑤ 英語を教えて**暮らし**ている。
   Teaching English is my **bread and butter**.

　①の「暮らし」は生活水準を指し，be better off といえば「生活水準が向上した」，「低下」であれば be worse off となることはご承知の通りだ。「生活水準が向上した」を英訳するのに，和英辞典の例文をそのまま引用して Our living standard has risen. とするよりも，We are better off. の方が主語は短いし，すっきりしていて，口語的で，分かりやすいように，筆者には思える。living standard を使わない，といっているのではない。新聞記事などにも登場するにはするが，We are better off. の方がはるかに一般的だし，使用頻度が多いことは間違いない。

　②の…is home to もよく見かける。ここでは「暮らしている」を意味するが，…is home to Toyota Motor. とくれば「…はトヨタ自動車の本社所在地である」。同様に，「甲子園球場は阪神タイガースの本拠地だ」の「本拠地」にも home は応用できる。⑤の bread and butter（パンとバター）は「生計の手段」を意味する。そこで，「英語を教えて収入を得ている」，つまり，「英語を教えて暮らしている」となる。

　「暮らし」の英語表現はまだまだある。米国のオバマ元大統領が自分の幼少期を振り返って I grew up poor. と語ったのを聞いたことがある。これは当時の暮らしが経済的に恵まれていなかった，という意味だろう。live や life は使っていないし，I grew up poor. の四語はすべて「中学学習語」である点もおもしろい。

　たかが「仕事」や「暮らし」といっても，いざ英訳するとなるとそう簡単な話ではなく，job や life を知っていれば何とかなる，というような問題でもなさそうだ。その，まさに「問題」の英訳についても，すべてproblem で間に合わせたいなどと横着してはいけない。こんなにやさしい（と思える）「問題」でも，文脈に合わせて，ぴったりの英語で表現できる翻訳者は意外と少ない。

　そこで，今度はちょっと趣向を変えて，以下にいくつかの質問を用意した。原文の「問題」に当たる箇所を（　）で隠してあるので，「適当と思われる英語を入れよ」という穴埋め形式の問題である。（　）ごとに単語は一つとし，problem と issue は使用不可というルールだ。

③ 問題

① 日本経済に全く問題はない。
　There is （　）（　） with the Japanese economy.
② 私にとっては死活問題だ。
　It's a （　） of life and [or] death for me.

③ 極めて深刻な**問題**だ。

 We are in serious （　）.

④ 彼の教師としての能力が**問題**になっている

 His ability as a teacher is called into （　）.

⑤ 英語すら話せないのだから，フランス語など**問題外**だ。

 I can't speak English, （　）（　）French.

⑥ 児童労働はその国では日常的な**問題**だ。

 Child labor is a （　）of life in the country.

⑦ 賃上げなんて**問題外**だ。

 A pay increase is out of the （　）.

⑧ （他人のことより）まずは自分の**問題**を解決しろ。

 Put [Get, Set] your （　）in order first.

⑨ 読み書きに**問題**を抱えた子どもたち

 children who have （　）reading and writing

⑩ これが直面している**問題**の現実だ。

 This is the reality of （　）we are up against.

　米国の新聞を読んだり，テレビ，ラジオの番組を見たり，聞いたりしながら，おもしろそうな表現に出会ったらメモしておいて，自分で穴埋め問題をつくっている。上記の問題もその一例だ。学校のテストではないので何点取れば合格，という基準は特にない。自分で作成した問題にうまく答えられなかったりして，情けない思いをすることもあるが，英語的発想力を高める効果は，自分の経験から判断すると，かなり期待できそうだ。穴埋めした正解を以下に示す。

① There is (**nothing**) (**wrong**) with the Japanese economy.

② It's a (**matter**) of life and [or] death for me.

③ We are in serious (**trouble**).

④ His ability as a teacher is called into (**question**).

⑤ I can't speak English, (**let**) (**alone**) French.

⑥ Child labor is a (**fact**) of life in the country.

⑦ A pay increase is out of the (**question**).

⑧ Put [Get, Set] your (**house**) in order first.

⑨ children who have (**trouble**) reading and writing
⑩ This is the reality of (**what**) we are up against.

　設問の（　）で隠したところが日本語の「問題」に相当する部分だ。「問題」とくれば，すぐにでも problem に飛びつきたい誘惑にかられるが，① から ⑩ のどれ一つとっても problem では座りが悪い。② の「死活問題」は a matter of life and death が決まり文句で，problem の出番はないし，④ の call ... into question も「…が問題になる，議論になる」という意味の，また ⑧ の house は「自分の頭の上のハエを追え，まずは自分の問題を片付けろ」という成句の一部だから，problem の入り込む余地はない。

　翻訳者の知識とセンスが試されるのは，「仕事」や「暮らし」ばかりではない。たとえば，「時代」，「状況」，「現状」，「人生」，「生きがい」…など，ありふれたことばがかえって英訳に苦労する，ということもある。

④ 生きがい

　なかでも，「生きがい」の取り扱いは微妙だ。a purpose of life, worth living, something to live for であると説明する人もいれば，a reason for living だとか，フランス語の raison d'être（レゾン・デートル，存在理由）を持ち出してきて，これが「生きがい」の英訳だと主張する人がいたりする。英訳が知りたいのに，答えがフランス語というのも奇異な感じではあるが…。

　日本語新聞記事の英訳に限れば，「生きがい」の英語表現に悩むことはあまりないが，3 年余りの米ニューヨーク暮らしの体験を通して気付いたのは，米国人は日本人ほど「生きがい」を話題にすることがないという事実と，もし「あなたの生きがいは何ですか」と聞かれて「それは音楽です」というようなやりとりがあったとしたら，問いの部分は "What keeps you going?" で，返事は "Well, music keeps me going." ではないだろうかということだ。

　そんな気がしたのは，日本暮らしが半世紀以上に及ぶ米国人で，大阪弁がペラペラで，日本語で小説を書いたりする才人で，国際的人権擁護団体

アムネスティ・インターナショナルの日本支部長を務めたこともあるイーデス・ハンソン（Edith Hanson）さんから，「生きがい」の適訳は keep someone going だろう，と聞いたのを思い出したからだ。もう 40 年以上前のことで，当時はピンとこなかったが，米国で暮らしてみて彼女の言わんとするところが分かったような気がした。日本人なら「私の生きがいは子どもです」と言いそうな場面で My children keep me going. というのをしばしば耳にしたのだ。

　この場合の going には「どんなつらい目に遭ったり，悲しいことがあっても立ち止まらずに前進する」という決意が込められているのだろうし，そうした気持ちを「継続し，保つ（keep）」力がすなわち「生きがい」である，というのは納得できる。日本語の「生きがい」が「静」なのに対して，英語の keep someone going は動詞を主体とした「動」の表現で，いかにも米国人が好みそうな発想だ。使われている語彙がすべて「中学学習語」だというのもうれしい。

　それにしても「生きがい」の英訳が raison d'être である，という指摘にはちょっとびっくりした。日常会話で使われることはまずないだろう。といって，「生きがい」の英訳として keep someone going が万能かというと，そうではない。これも，状況次第，文脈次第なのだ。

¶ 人間には**生きがい**が必要だ。
  We need **a purpose** [**a sense of purpose**] in life.
¶ **生きがい**を探す
  look for **meaning in life**
  *meaning は無冠詞
  *「（生きがいを）取り戻す」であれば regain ...
¶ 彼女は 98 歳になるが，いまだに**生きがい**を失っていない。
  At 98, she still has **a purpose to live for**.
¶ あなたの**生きがい**は何か。
  What **makes** your **life meaningful**?

　思えば，ほんのはずみから英文記者になり，日本語の新聞記事を英語に翻訳したり，英語で新聞記事を書いたりという仕事に20年以上も携わり，その後は編集デスクとして，また，現役引退後には図らずも大学で英語教師を務めたのは，なんだか不思議な感じがする。こんなはずではなかったと思う反面，これはこれで面白かったという気もする。

　元来，英語が特に好きだったわけでも，得意だったわけでもなかった。中学，高校時代は地理に興味があって，いずれ外国へ行ってみたい，暮らしてみたい，それには英語はやっておいた方がよかろう，という程度の気持ちだった。英語オタクの「英語青年」には絶対になりたくなかった。だから，大学進学にあたって，英文科や英米語学科は最初から眼中になかった。

　目を付けたのは，東京の私立大学に新設された社会学科だった。第一期生だから先輩，後輩のしがらみもないし，それほどがんばらなくても卒業はできるだろうとタカをくくっていた。大学生活をのんびり楽しもうという魂胆だ。

　ところがその思惑は見事に外れた。新設直後の学科とあって，着任予定の教員がすべてそろっていたわけではなく，当初1-2年間は，姉妹校である米国の大学から教員を招へいし，一部の科目は英語で講義をするというのだ。今でこそ，珍しくないだろうが，1960年代の日本の大学で，英語，英会話，英文学以外の授業を外国人教員が英語で行うことはほとんどなかったはずだ。とんでもないことになった，と思ったが後の祭りだった。

　とはいえ，そうした大学の雰囲気は，その後のフィリピンでの留学生活や，英文記者になってからのオーストラリア，マレーシア，米・ニューヨークでの駐在員暮らしに大いに役立ったことは間違いない。実にラッキーだったと思う。そして70歳を過ぎた今になっても，世界各地の放送局にネットでアクセスしてニュースを聞いたり，ドキュメンタリー番組を楽しめるのは，英語を忘れないでいるおかげである。これまたありがたいことだと感謝している。

索引

266

［著者紹介］

根岸　裕（ねぎし・ゆたか）
　元日経アメリカ社（ニューヨーク）マネジング・エディター（英文ニュース担当）。1948 年，東京生まれ。1972 年，上智大学文学部社会学科卒業。
　共同通信社，日本経済新聞社の英文記者を経て関西外国語大学教授（2007-13 年，英語メディア論，ビジネス英語）。
　主な著書に『トレンド日米表現辞典』（小学館，1998 年，共編著），『和英翻訳ハンドブック』（大修館書店，1999 年），『経済英語和英大辞典』（日本経済新聞社，2004 年），『用例中心 経済ビジネス英語表現辞典 CD-ROM 付』（大修館書店，2007 年）など。

ニュース記事翻訳の現場から ［改訂新版］和英翻訳ハンドブック
©Negishi Yutaka, 2022　　　　　　　　　　　NDC830／viii, 270p／21cm

初版第 1 刷━━━━2022 年 2 月 1 日

著　者━━━━━根岸　裕
発行者━━━━━鈴木一行
発行所━━━━━株式会社 大修館書店
　　　　　　　〒 113-8541　東京都文京区湯島 2-1-1
　　　　　　　電話 03-3868-2651（販売部）　03-3868-2294（編集部）
　　　　　　　振替 00190-7-40504
　　　　　　　［出版情報］https://www.taishukan.co.jp

装丁者━━━━━アップライン株式会社　上筋英彌
印刷所━━━━━壮光舎印刷
製本所━━━━━難波製本